U0079179

鬆開握緊的拳頭
你會擁有更多

蕭蔓琳 編著

人生視野：56

鬆開緊握的拳頭，你會擁有更多

編　　著　蕭蔓琳
出 版 者　大拓文化事業有限公司
責任編輯　林秀如
封面設計　姚恩涵

總 經 銷　永續圖書有限公司
劃撥帳號　18669219
地　　址　22103 新北市汐止區大同路三段一九十四號九樓之一
TEL　(〇二)八六四七—三六六三
FAX　(〇二)八六四七—三六六〇
E-mail　yungjiuh@ms45.hinet.net
網　　址　www.foreverbooks.com.tw

CVS代理　美璟文化有限公司
TEL　(〇二)二七二三—九九六八
FAX　(〇二)二七二三—九六六八

法律顧問　方圓法律事務所　涂成樞律師

出 版 日◇二〇一六年一月

國家圖書館出版品預行編目資料

鬆開緊握的拳頭, 你會擁有更多 / 蕭蔓琳編著.
-- 初版. -- 新北市 : 大拓文化, 民105.01
面 ; 公分. -- (人生視野 ; 56)
ISBN 978-986-411-023-0(平裝)
1.修身　2.生活指導
192.1　　　104024376

「序言」

有這樣一道測驗題：

在一個暴風雨的夜裡，你開車經過一個車站。車站上有三個人在等公車，其中一個是病得快死的老婦人，一個是曾經救過你命的醫生，還有一個是你的夢中情人。如果你只能帶其中一個乘客走，你會選擇哪一個？

結果很多人都只選了其中唯一的選項，而最好的答案卻是，「把車鑰匙給醫生，讓醫生帶老人去醫院，然後和夢中情人一起等公車」。

有時候，如果我們可以放棄一些堅執、限制甚至是利益，我們反而可以得到更多。

什麼才是最難捨棄的，是公理與正義，還是個人的兒女私情？為什麼不能拋開和犧牲一些東西，而去獲得另一些永恆？

無論你的選擇是什麼，你注定會失去一些東西，也注定會在失去的同時獲得一些東西。其實有時會得到什麼、失去什麼，我們心裡都很清楚，只是覺得每樣東西都有它的好處所在，哪樣都捨不得放手。

然而事實並非如此，沒有在同一情形下價值相同的東西。它們總會有差別和輕重。你得選擇那個對長遠來說更重要的東西。

有些事情，你以為這次放棄了，就再也不會出現了，可是你真的錯過了，會發現它在日後仍然不斷出現；而有些東西，你以為暫時放過它，它還會一再地出現，就像當初它來到你身邊時那樣，可是真的一旦錯過，它就是美景不再的回憶，就是日後無法回頭的遺憾。

如果我們放棄的和想得到的都是好東西，那怎麼辦？那是因為我們太貪心。真的是這樣，我們本質都是貪心的，貪心常常蒙蔽真心。世界上不會有那麼好的事，我們往往只能在某一時刻選擇一樣東西。

我們無法看到未來的樣子，但是應該明白自己的原則和底限。可以根據它們來做人生裡的任何一次取捨，對自己既不委屈，也不縱容。

而且很多的世事與感情是經不起一再地錯過與等待的，必須在適當的時候做出一個選擇，而不是等到無可奈何，花落去的時候再來體會那種悲涼，就好像一定要等到不再相愛的時候再說再見一樣。

選擇留給對方一個不再回頭的背影，不代表自己不想折返身去永遠纏綿地擁抱；選擇退出一個和對方廝守到老的結局，不代表心裡不想和對方一起實現這個夢想。鬆開你緊握的拳頭，你會擁有更多。

Part 1 學會沉澱自己

繁瑣的東西是填不滿自己心靈的，只有明媚的陽光，才能將心靈充滿。打開自己的心靈，放陽光進來吧！

007 CONTENTS

Part 2 笑對挫折人生

挫折、失敗是人生難免的插曲，一帆風順的人生是平淡的人生，只有經歷挫折，笑對挫折的人生才會充滿滋味，才會陽光明媚

CONTENTS

Part 3 送給自己的最好禮物

決定人生命運的路看似很長，但其關鍵只在於一小步。而最好的禮物是自己送給自己的，那就是內心的整潔和清靜。

011 CONTENTS

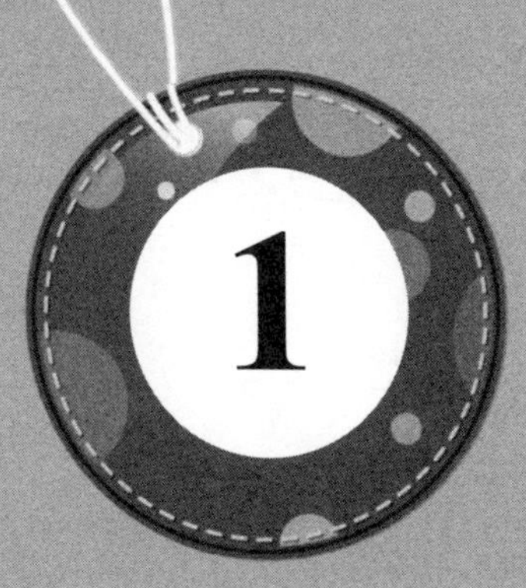

學會沉澱自己

人生免不了聽到別人的評價，也免不了在這些評價中迷失自己，不知道自己定位在哪裡。然而，我們應當堅信自己存在的價值，不要讓別人的評價左右了自己。

金菩薩

很久以前有一個小村莊，村裡的人們都很虔誠信佛，就一起湊錢在村東邊的廟裡打造了一尊金菩薩。但是這裡經常有土匪搶劫，所以村民們整天過著提心吊膽的日子。

一次在得知土匪要洗劫整個村莊的消息後，村民們決定集體遷出這是非之地。他們收拾東西，打算逃到別處去，但是金菩薩太重了，沒有人能背得動。於是他們就想了一個辦法，用厚厚的泥巴塗在金菩薩的外面，把金菩薩包裹了起來，以免被土匪搶走。後來土匪們真的也沒發現泥菩薩裡的祕密。很多年過去了，陸續有人搬到這裡，大家照樣會去那座廟裡上香，但誰都不知道這尊「泥菩薩」的來歷。

幾十又過去了，廟裡住進了一個小和尚；他在打掃時不小心撞到了泥菩薩，泥土掉了下來，露出金燦燦的金身，這時人們才知道，原來廟裡供奉的是一尊金菩薩。

人生物語：

為了生存，為了保護自己，我們常常往身上塗上一層又一層的泥土，以得到安全感，有時到了最後連自己都忘記自己是真金之軀！但泥土終會脫落，做個真實的自我，回歸人群，才會更加的被認同。

第一百位客人

中午尖峰時間過去了，原本擁擠的小吃店，客人都已散去，老闆正要喘口氣翻閱報紙的時候，有人走了進來。那是一位老奶奶和一個小男孩。

「牛肉湯麵一碗要多少錢呢？」奶奶坐下來拿出錢袋數了數錢，叫了一碗熱氣騰騰的湯麵。

奶奶將碗推向孫子面前，小男孩吞了吞口水望著奶奶說：「奶奶，您真的吃過午飯了嗎？」

「當然了。」奶奶含著一塊蘿蔔泡菜慢慢咀嚼。一晃眼功夫，小男孩就把一碗麵吃個精光。

老闆看到這幅景象，走到兩個人面前說：「老太太，恭喜您，您今天運氣真好，您是我們店裡的第一百個客人，所以免費。」

之後過了一個多月的某一天，小男孩蹲在小吃店對面像在數著什麼東西，使得無意間望向窗外的老闆嚇了一大跳。

原來小男孩每看到一個客人走進店裡，就把小石子放進他畫的圈圈裡，但是午餐時間都快過去了，小石子卻連五十個都不到。

心急如焚的老闆打電話給所有的老顧客：「很忙嗎？沒什麼事，我要你來吃碗湯麵，今天我請客。」像這樣打電話給很多人之後，客人開始一個接一個到來。

「八十一，八十二，八十三……」男孩數得越來越快了。終於當第九十九個小石子被放進圈圈的那一刻，小男孩匆忙拉著奶奶的手進了小吃店。

「奶奶，這一次換我請客了。」小男孩有些得意地說。

真正成為第一百個客人的奶奶，讓孫子招待了一碗熱騰騰的牛肉湯麵。而小男孩就像之前奶奶一樣，含了塊蘿蔔泡菜在口中咀嚼著。

「也送一碗給那男孩吧！」老闆娘不忍心地說。

「那小男孩現在正在學習不吃東西也會飽的道理呢！」老闆回答。

吃得津津有味的奶奶問小孫子：「要不要留一些給你？」

沒想到小男孩卻拍拍他的小肚子，對奶奶說：「不用了，我很飽，奶奶您看……」

人生物語：

「與人為善，成人之美。」老闆的善念會讓孩子知道愛和成長的意義，在幼小的心裡播下善種，只要每個孩子都有一顆愛心，那麼人人有愛，社會和諧的景象就會成為現實。

不經歷青澀，怎麼會成熟

一九七一年的一天，在英國倫敦尤斯頓火車站，一個十八歲的小伙子帶著一身風塵良久地徘徊著，目光迷茫。為了實現自己做搖滾明星的夢想，年少氣盛的他獨闖倫敦這座陌生的大都市。

因為他是第一次來到倫敦，城市的繁華和龐雜迷亂，讓這個來自愛丁堡的青年有些不知所措。因為一時沒有找到合適的去處，最後只好到尤斯頓火車站附近的一座公園，在一張長椅上睡了一夜。

當年這位初闖倫敦在公園長椅上睡過一夜的青年，就是英國卸任的首相布萊爾。這是他在進入大學就讀前遊歷時發生的一件事。

三十多年後，他的夫人謝麗在唐寧街十號的一次招待會上向來賓們講述了這件陳年舊事，聽者無不感到震驚和難以置信。首相府發言人隨即鄭重聲明確有其事，強調當時不是因為缺少錢，而是他初來倫敦，身在異鄉，一時間找不到合適的落腳處所做出的選擇。

如今的布萊爾作為英國首相可以說是聞名天下，位高權重，即便這樣，他也曾經有過年少懵懂的青澀歲月。

人生物語：

有作為的人，也有「青澀」的歲月，這也是人生的歷練。把青澀當作成功路上的新的起點，不迷失，不自卑，不歎息，而是去挑戰未來，在打拼中成熟，在成熟中成功！

恥辱戒指

在加拿大，科技界的人士常常可以看到，一些專家學者左手的無名指戴著一枚式樣相同的鋼製戒指。原來，佩戴這種戒指的人，都畢業於著名的加拿大工學院。

這是一所在國際上也相當有名望的學校，在國內更是聲名赫赫，可是在該校的校史上卻出現過一次醜聞，這個醜聞幾乎使這所知名大學名譽掃地。

一次，加拿大政府要建造一座大型橋樑，把設計工作交給了這個學校。由於一名工程師在設計上的技術失誤，橋樑在建造完成之後不久就塌了，使得政府和地方蒙受了巨大的損失。

這一醜聞同時為學校帶來負面的評價，造成了極為不良的影響。

為了不忘這一慘痛的教訓，加拿大工學院把建造這座橋的鋼材買了下來，製作成戒指，命名為「恥辱戒指」，每屆學生在得到學校發給的畢業文憑時，都會同時得到一枚「恥辱戒指」。

長期以來，牢記「恥辱戒指」教訓的加拿大工學院的畢業生們，在技術上精益求精，在工作中嚴謹認真，取得了許多驕人的成就。時至今日，所有加拿大工學院的畢業生仍把那只鋼戒戴在手上，但伴隨他們的不再是「恥辱」，他們當中有不少人為母校爭得了榮譽。

人生物語：

沒有人能在一生之中不會犯錯，如果一生都在自責的心態之中度過，那麼，浪費的不僅是生命，還無事於補。應該坦然面對，勇敢承擔，讓同樣的錯誤絕不再犯，這樣才能夠維護尊嚴。

學會沉澱自己

從前有一個農民，家裡很窮，好不容易湊了些錢做個小生意也給做虧本了，他心情糟透了。為了排解心中的苦悶，他便到山上的廟裡找禪師訴說。

禪師聽完了農民的訴說，帶他進入一個很舊的禪房，屋裡的一張桌上放著一杯水。

禪師微笑著說：「你看這杯水，它已經放在這兒很久了，幾乎每天都有灰塵落在裡面，但它依然澄清透明。你知道是什麼原因嗎？」

農民認真的思索著，像是要看穿這杯子。他忽然說：「我懂了，所有的灰塵都沉澱到杯底了。」

禪師點點頭：「人生就如同這杯中水，濁與清全在於自己。」

人生物語：

生活中的煩心事很多，但它們也正如空氣中的塵土，終歸很小，如果慢慢地、靜靜地讓它們都沉澱下來，用廣闊豁達的胸懷去容納它們，你的內心就能獲得平靜。如果太在意，終會使滿杯水都攪動而越發渾濁，這是不明智的。沉澱你心靈的塵埃，能讓你的心靈更清澈。

燉兔子

都海是阿拉伯民間傳說中深受大家喜愛的「聰明的愚者」。

有一天，有個喜愛打獵的朋友前來拜訪都海。

「我剛才在森林裡打到了一隻兔子，我把牠送來給你，你可以做一頓豐盛的晚餐了。」他進門時很驕傲地說道。

都海開心地烹煮這隻兔子，然後他們坐下來享受了一頓美味的大餐。

第二天，有位陌生人來敲都海的門。

「您是誰？」都海問。

「我是昨天帶兔子給你的那位獵人的鄰居。」他說。

都海客氣地邀他進門並為他煮了一頓晚餐。

「這是我們燉兔子的剩菜。」都海說。這位訪客狼吞虎嚥地吃著。

隔天，另一位陌生人來敲都海家的門。「您是誰？」都海問。

「我是帶兔子給你的那位獵人的鄰居的表弟。」他說。

「請進！」都海說。他讓那人在桌邊坐下，並在他面前放了一碗熱水。

「這是什麼？」陌生人問。

都海說：「這是用烹煮兔子的鍋子煮出來的水，那兔子是我那位獵人朋友，也就是您表哥的鄰居送來的。」

人生物語：

在這個世界上，總是有人千方百計的找關係，哪怕關係很微小，仍是希望從中謀得名利，但其效果卻是微乎其微。其實，關係是靠不住的，而且會越用越淡；人情也要勤於走動，越走才會越密。

地圖上找不到

有一天，蘇格拉底的弟子聚在一塊兒聊天，一位出身富有的學生，當著所有同學的面，誇耀他家在雅典附近擁有一片廣大的田地。

當他大肆吹噓的時候，一直在旁邊不動聲色的蘇格拉底拿出一張地圖說：「麻煩你指給我看，亞細亞在哪裡？」

「這一大片全都是。」學生指著地圖得意洋洋地說。

「很好！那麼，希臘在哪裡？」蘇格拉底又問。

學生好不容易在地圖上找出一小塊來，但和亞細亞相比，實在是太渺小了。

「那雅典在哪裡呢？」蘇格拉底又問。

「雅典，這個就更小了，好像是在這裡。」學生指著一個小點兒說著。

最後，蘇格拉底看著他說：「現在，請你指給我看，你那塊廣大的田地在哪裡呢？」

學生忙得滿頭大汗也找不到，他的田地在地圖上連個影子也沒有。

他很尷尬地回答道：「對不起，我找不到！」

人生物語：

面對天地，人是微不足道的；面對知識，人是淺顯無知的。對於我們來說，每個人都是滄海一粟，沒有什麼可拿來炫耀、大做文章的，而且每個人都應該用謙卑的態度去面對所有的榮譽和成功、財富、名利等等的身外之物。

因小失大

從前有一個人，他以染衣服為生。這個人的頭髮已經全都掉光了，只剩一顆光亮的禿頭。

有一天，這個人帶著兒子一起外出，拿上已經染好的衣服，來到河邊，開始洗衣服。他們辛苦工作了一上午，衣服總算洗完了，父子倆就收拾東西準備回家。

時值盛夏，又到了中午，天氣酷熱難當。

染衣人做了很久的活，覺得手也痠，腳也痲，連腰也疼痛起來了，再加上暑熱，身上的衣服早就濕透了。於是，他就和兒子在河邊找了一棵枝葉茂盛的大樹，枕著用來裝衣服的袋子躺在樹蔭下打算休息一會兒再走。可能是由於太累的緣故，沒多久的時間，就聽到了染衣人的鼾聲了。

夏天正是蚊子肆虐的時候，染衣人睡得正香，一隻蚊子飛了過來，叮在他的禿頭上面，津津有味地吸他的血。他的兒子是個孝順的年輕人。這會兒看到蚊子叮在父親的頭上，不禁非常生氣。他用手指著蚊子憤怒地罵道：「你這個卑鄙的壞蛋，竟然敢吸我父親的血，你等著，我一定要好好地教訓你一頓！」

他正準備用手去拍打蚊子，但又轉念一想：用手拍實在太輕，不能這麼的便宜了牠，他這樣思考著，就走過去把洗衣服用的木棒拿來，對準父親頭上的蚊子，狠狠地一棒打了下去。結果蚊子沒打到，他的父親卻被他打死了。

人生物語：

做事要考慮後果，講究方法，不能蠻幹，不多加思考。要「三思而後行」千萬不可因小失大，輕重不分。

吳下阿蒙

呂蒙，字子明，三國時汝南富陂（今安徽阜南）人。他幼年時代，家境貧寒，十五、六歲就跟著姐夫鄧當去打仗，由於他英勇善戰，屢建奇功，三十一歲就升為橫野中郎將。但他的知識水平很低，常常鬧出「目不識丁」之類的笑話，有些大官員便不免輕視他。

有一次，吳王孫權對呂蒙說：「你現在身負重任，應該抓緊時間讀書，藉以增長自己的知識和才幹。」

可呂蒙推托說：「軍中的事情太多，每天都快忙不過來了，哪有時間讀書呢？」孫權就為他講了自己的學習經歷，還介紹了漢光武帝在軍事繁忙之中仍然手不釋卷和曹操老而好學的故事。呂蒙聽後，深受感動，從此，他開始發奮讀書，而且進步很快，通今博古，滿腹經綸，就連那些皓首窮經的才儒書生也望塵莫及。

過了兩年，吳國軍事統帥周瑜病故，魯肅代理周瑜的職務，領兵鎮守陸口。魯肅心中對呂蒙很是輕視，以為呂蒙還只是一個文盲，路過呂蒙兵營時不屑去看他。

經人勸說後，魯肅出於禮節，很勉強地拜訪呂蒙。

呂蒙熱情招待，並問魯肅：「你身受重任，又與大將關羽相鄰，打算怎樣來對付他呢？」

魯肅滿不在乎地說：「到時候再說好了。」

呂蒙立即指出：「東吳和西蜀如今儘管聯合抗魏，但關羽對我軍來說，畢竟是熊虎之患，怎能掉以輕心呢？」

隨後，呂蒙又當場提筆獻計五條。魯肅看罷，肅然起敬。他拍著呂蒙的肩膀說：「我一直以為老兄只是能武不能文，想不到你學識如此淵博，你已經完全不是當年的吳下阿蒙了！」

呂蒙笑道：「士別三日，即當刮目相看。」

人生物語：

這是一個老故事，卻仍有新意。我們的資質不差，又有空閒，是不是更該趁年輕多讀點書，多學點東西，將來才有機會可能成功？只要不斷努力，必定會獲得別人的重視。

漁夫和小魚

有個漁夫整日以打魚為生。有一天，他運氣不佳，忙了一整天，只網到了一條小魚，而且小魚還勸他另做決定：「漁夫，你放了我吧！你看我這麼小，也不值錢，你可以把我放回海裡，等我長成一條大魚，到那時你再來捉我，不是更划算嗎？」

漁夫說：「小魚，你是講得很有道理，但是我如果用眼前的實利去換取將來不確切的所謂『大利』，那我恐怕就太愚蠢了。」

人生物語：

大海可不是漁夫家中的池塘，想什麼就撈什麼。所以切切實實地珍惜每一分收穫是很重要的，只有腳踏實地，方可站得更牢。

從實際出發，腳踏實地去收穫「小魚」，才會有機會捕到「大魚」。珍惜每一分努力收穫的人，才會懂得來之不易的道理。

國王的車伕

天氣很好，國王的心情很好，他決定放下手頭公務，到御花園去散步。國王正隨意的走著，忽然看見前面跪著一個人。國王吃了一驚，問左右：「那是誰，跪在那裡做什麼？叫他過來。」

那人來到跟前，連連叩頭，說：「小人受人陷害，求萬歲爺救命。」

「你是幹什麼的？」國王問。

「二十年來，小人一直為萬歲爺趕車。」

「你抬起頭來——咦，我怎麼沒見過你？」

侍衛聽到這話，斥道：「還不快滾！」

那人慌忙爬起來，退了幾步，轉身要走。國王看到他的背影，若有所思，命左右：「叫他回來。」

國王說：「他的確是我的車伕，我看到他的背影才想起來。」

人生物語：

有時候，一直在你身邊的人，你不一定熟悉。距離、位置角度的改變，會令人不認識曾經熟悉的東西，當你成為領導者時，別人也許只是認識你手中的權力，未必認識你這個人。

不要懷疑自己

名作家杏林子的《現代寓言》裡面有個故事。

話說有一隻兔子長了三隻耳朵，因此在同伴中備受嘲諷戲弄，大家都說牠是怪物，不肯跟牠玩。為此，三耳兔很悲傷，時常暗自哭泣。

有一天，牠終於做了決定要把那一隻多出來的耳朵忍痛割掉，於是，牠就和大家一模一樣，也不再遭受排擠。牠感到快樂極了。

時隔不久，牠因為遊玩而進了另一片森林。

天啊！那邊的兔子竟然全部都是三隻耳朵，跟牠以前一樣！但由於牠已少了一隻耳朵，所以，這座森林裡的兔子們也嫌棄牠，不理牠，牠只好快快地離開了。從此，牠領悟到一個真理：只要和別人不一樣的，就是錯！

人生物語：

這個寓言提醒了人們，現代人的自信就如同這隻兔子一樣，相當薄弱，對很多事也有太多擔心，因此經常處於不快樂當中。事實上，這皆起因於自我認知的不足。人生免不了聽到別人的評價，也免不了在這些評價中迷失自己，不知道自己定位在哪裡。然而，我們應當堅信自己存在的價值，不要讓別人的評價左右了自己。

掃去塵土

有一次，趙州禪師親自打掃大殿，一個學僧故意提問道：「您是悟者，為什麼還打掃灰塵？」

趙州禪師一邊專心掃地，一邊頭也不抬地說：「灰塵是外來的。」

學僧無話可答，另一位僧人接著問：「佛堂是最清淨的，為什麼有塵埃？」

趙州禪師笑著對那一位僧人說：「你看，又飄進一點灰塵了。」趙州禪師的意思是說：悟者、佛堂雖然清淨，但也會沾染上塵埃。清掃之後才會毫無塵埃，別無他法。如果被這種事情困惑，就是塵埃，就是迷失。

人生物語：

只有慢慢的體悟人生道理，最終才會頓悟。最複雜的道理，往往最簡單，勤於打掃自己心靈的殿堂，才不會讓塵土所染，才不會被俗事所困。

把你的快樂帶回來

到一位朋友家去作客，出了電梯，抬頭望見門上掛了一方木牌，上面寫著兩行字：「進門前，請脫去煩惱；回家時，帶快樂回來。」

當時，細細品味之後，不禁對這家主人萌生無限感佩。短短的兩句話，蘊含的卻是深奧的家庭哲理。

進屋後，果見男女主人一團和氣，兩個孩子大方有禮，溫馨、和諧的氣氛充盈著整個房間。

當閒聊過後問及那方木牌時，女主人靦腆地說：「其實也沒什麼大學問，一開始只是提醒我自己，身為女主人，有責任把這個家經營得更好，而真正的起因，是有一回我在電梯鏡子裡看到一張疲憊、灰暗的臉，一雙深鎖的眉毛，下垂的嘴角，煩愁的眼睛……把我自己嚇了一大跳，於是我想，當孩子、丈夫面對這樣一張面孔時，會有什麼感覺？假如我面對的也是這樣的面孔，又會有什麼反應？

接著我想到孩子在餐桌上的沉默、丈夫的冷淡，這些原先認定是他們不對的事實背後，是不是隱藏了另一種我不瞭解的原因，那真正的原因，竟是我！當時我嚇出一身冷汗，為自己的疏忽而後悔，當晚我便和丈夫長談，第二天就寫了這一塊木牌釘在門上，結果，被提醒的不只是我，而是一家人……」

好有智慧、好可愛的女人。

天下的好壞，幸與不幸，快樂和痛苦，常常是事情的兩面。一念之間的轉換，就呈現出截然不同的世界。

人性中有依賴、不負責任的弱點，我們自己辦不到的事，卻希望別人達成，尤其是最親近的人。表現在一個家庭裡，便是每個人都希望別人給予自己尊重、體貼、照顧、理解、愛護、方便、關心、為家帶來歡樂，卻很少考慮到，「我」給這個家帶來了什麼。

如果把「家」比喻成是一個硬體，那麼「人」才是組成並發揮功用的軟體。每個人都帶一些快樂與歡笑回家，家裡自然充滿笑聲；反之，每個人都帶煩惱與不快回來，一定是愁雲慘霧。

切忌把什麼事都埋在心底，卻暗自期望別人瞭解，當別人不明白時，又萌生失望和感傷，將怨氣由其他方面宣洩出來，弄得別人一頭霧水，自己一肚子氣。

我們要坐下來好好的溝通，讓別人知道你的想法，幫助你分擔憂愁，理清思路，穩定情緒，也分享快樂。

家，應該是最舒服、安全、穩定、快樂的港灣，記得回家時，先對自己說：扔掉煩惱，帶回快樂。

人生物語：

家本就應該是個溫馨的驛站，請把你的心整理好，把歡樂帶回家，把愛帶回家。這樣，你收穫的就是整片天空。

兩隻老虎

有兩隻老虎，一隻在籠子裡，一隻在森林裡。

在籠子裡的老虎三餐無憂，在外面的老虎自由自在。兩隻老虎經常交談。

籠子裡的老虎總是羨慕外面老虎的自由，外面的老虎卻也總是羨慕籠子裡的老虎安逸。

一日，一隻老虎對另一隻老虎說：「咱們換一換。」另一隻老虎同意了。

於是，籠子裡的老虎走進了大自然，森林裡的老虎走進籠子裡。從籠子裡走出來的老虎高高興興，在曠野裡拚命地奔跑；走進籠子裡的老虎也十分快樂，他再不用為食物而發愁。

但不久，兩隻老虎都死了。

一隻是飢餓而死，一隻是憂鬱而死。

從籠子中走出的老虎獲得了自由，卻沒有獵食的本領；走進籠子裡的老虎獲得了安逸，卻沒有在狹小空間生活的心境。

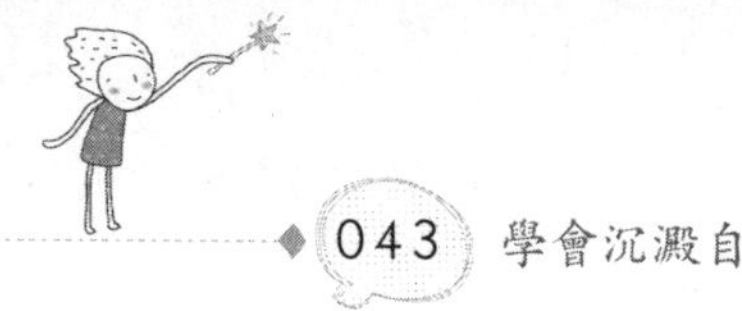

人生物語：

許多時候，我們總是羨慕別人，而忽視自己的幸福，其實，別人的不一定適合你，已經屬於你的，才是真實的。

盲人手裡的燈

正在給小學一年級上課的語文老師問了學生這樣一道題：「有一位盲人晚上出門時總拿著一盞燈籠，這是為什麼？」

學生的答案五花八門，有的說：「他是幫兒子買的燈籠。」還有的說：「夜裡太冷，他是想取暖吧？」……可能，這些答案都對，但這些年齡不到十歲的孩子都功利地以為盲人提燈一定是為自己，所以，答案不免褊狹。他們沒有一個人回答：「盲人也許是為了給別人照亮。」

這樣，別人才不會撞上他——盲人的心中裝著一盞明亮的燈，為別人著想正是他心中的明燈。

人生物語：

很多時候，幫助別人其實是幫助我們自己。為什麼那麼多明眼人在暗夜中往往會相撞？就是因為他們心中沒有明燈，手上也不提明燈啊！

如果人的手裡都有一盞明燈，在黑夜裡就不會相撞；如果心裡有盞明燈，就不會在黑暗中迷失方向。

人生如棋

一日，小王與一老者下棋，殺了幾盤，但屢戰屢敗。於是他向老者求教弈棋之道，老者笑笑說：「年輕人呀，你應當丟掉必勝之心。」回味老者的話，他頓有所悟。

諾貝爾有句名言：「努力去爭取成功，但不要期望一定成功。」在生活中，失敗多了，才知道有些事確實是很難保證成功的。

雖然從理論上來說，無法成功是因為你沒有付出努力，但事實上還有很多因素在制約著你。有時候，愈急於成功越難成功，相反，如果放開心胸，大膽去做，有時反而會輕而易舉地實現願望。

人生物語：

人生如弈棋，何必抱定必勝之心？放開心胸，膽大心細，以平常心去對待，反而更有可能實現自己的目標。

誰埋沒了天才

在那一屆全國的生活攝影大賽中，他終於獲得了金牌獎，從千千萬萬攝影愛好者中脫穎而出。

他被音樂與掌聲簇擁上台，談獲獎感想。

他開口便說：「那不是我最好的作品……」語畢台下嘩然，但他講的是實情。「半年前家中失火，照片全部燒光，參加評比的那幅，是因相簿放不下淘汰下來，妻子拿到丈母娘家去，才得以保存的。」

一面金牌獎讓他信心倍增，在下一屆大賽前，他精挑又細選，送出自己最得意的作品，卻沒有獲獎。

再下一屆，再下一屆，卻始終沒有再獲獎。

要是沒有大火的淘汰，要是總按自己的那個「最好」的標準，他也許永遠與金牌獎無緣。

努力付出一輩子卻未獲成功的人，會不會是因為他生命中真正精粹的部分被自以為「那不是最好的」，而從未得以展示呢？

很多時候，埋沒天才的不是別人，恰是自己。

人生物語：

很多時候，埋沒天才的不是別人，而是自己。自己生命中的精粹被自己忽視、丟棄，反而去追求自己普通的部分，自己還不知道。真是當局者迷啊！

把煩惱抛在身後

曾任英國首相的勞倫．喬治在和朋友散步時，每經過一道門都要隨手把門關上。朋友微笑著告訴他：「您可以不必關門。」

喬治若有所思地說：「哦，是的。我這一生卻始終都在關我後面的門。知道嗎？當我把門關上，也就將煩惱留到了後面。這樣，我就能輕鬆前行。」

喬治的回答似是答非所問，但細細品味，它卻蘊含了深刻的人生哲理。「隨手關門」，能讓我們擺脫煩惱，走出困境，使我們的人生身處困境而能輕鬆走出來。

和朋友一起出差，在途中朋友不慎將背包弄丟了，錢包和數位相機也都遺失了。更令他心疼的是，他多年來利用業餘時間，花費了許多心血準備參加研討的一些珍貴資料也被弄丟了。你想他能不著急嗎？

但是沒一會兒工夫，他卻平靜如水。看到我們替他急得不知所措的樣子，他反倒是哈哈大笑起來。我們不解其故：真是的，他還笑得出來，好像丟東西的不是他！我們替他「煩」，他倒成了與之無關的局外人。於是，我便生氣地對他大聲喊道：

「你這個傢伙是不是腦子有毛病？皇帝不急，急死太監，這算是哪門子的道理？」

沒想到朋友的回答卻讓我啼笑皆非：「留得青山在，不怕沒柴燒。我不笑你不然要叫我哭嗎？難道我一哭，問題就解決？難道我一哭，遺失的東西就找得回來嗎？」

事後仔細想想，朋友的話的確不無道理。

不是嗎？東西反正也不見了，什麼急啦氣啦怨啦，都是無濟於事。這些情緒，只是火上澆油，遺失的東西不僅找不回來，反而還損失了一份好心情，這叫「賠了夫人又折兵」，怎麼也不划算，還不如心平氣和，保持一個良好的心境，也許還能採取一些補救措施，或許還能「亡羊補牢」呢！

人生物語：

煩惱並不可怕。我們只要善於做到「隨手關門」，就能及時地把煩惱拋給昨天，就無須負重，而是輕鬆地走出生活的迷途，進而笑傲人生，灑脫地走向幸福快樂的明天。在人生的旅途中，記住「隨手關門」，把煩惱拋在門外，走出迷途，灑脫的前進。

生氣不如爭氣

在西藏，有一個叫愛地巴的人，年輕時，每次生氣和人起爭執的時候，就以很快的速度跑回家去，繞著自己的房子跑三圈，然後坐在屋邊喘氣。

愛地巴工作非常勤勞努力，後來他的房子越來越大，土地也越來越廣。但不管房地有多廣大，只要與人爭論而生氣的時候，他就會繞著房子跑三圈。

「愛地巴為什麼每次生氣都繞著房子跑三圈呢？」所有認識他的人，心裡都感到疑惑，但是不管怎麼問他，愛地巴都不願意明說。

直到有一天，愛地巴很老了，他的房子田地也已經很廣大了，他生了氣，拄著枴杖艱難地繞著房子走上三圈。等他好不容易走完三圈，太陽已經下山了，愛地巴獨自坐在屋邊喘氣。

他的外孫在身邊懇求他：「外公！您已經這麼大年紀了，村子裡也沒有其他人的土地比您的更大，您不能再像從前，一生氣就繞著房子跑了。還有，您可不可以告訴我為什麼您一生氣就要繞著房子跑三圈呢？」

看著外孫那可愛的臉蛋，愛地巴終於說出了隱藏在心裡多年的祕密。他說：「年輕的時候，我一和人吵架、爭論、生氣，就繞著房子跑三圈，邊跑邊想自己的房子這麼小，土地這麼少，哪有時間去和人生氣呢？一想到這裡，氣就消了，把所有的時間都用來努力工作。」

外孫又問道：「外公！您年老了，現在又變成最富有的人，為什麼還要繞著房子跑呢？」

愛地巴笑著說：「但是我現在有時還是會生氣，生氣時就繞著房子跑三圈，邊跑邊想自己的房子這麼大，土地這麼多，又何必和人計較呢？一想到這，氣也消了。」

人生物語：

生氣，無疑是拿別人的過錯來懲罰自己。人生苦短，幸福和快樂尚且享受不盡，哪裡還有時間去生氣呢？

讓自己快樂的最好辦法就是自己爭氣，去做得更好，在人格、知識、智慧、實力上使自己加倍成長，變得更加強大，以使更多的問題迎刃而解。

何必去計較太多？人生短促，應該努力使自己的智慧、知識、財富增長，不至於落伍，要讓自己強大起來。

我是誰

有一位女子，出生於一個平凡的家庭，做一份平凡的工作，嫁了一個平凡的丈夫，有一個平凡的家，總之，她一切都十分平凡。

忽然有一天，報紙大張旗鼓地招聘一名電視演員，演的角色是王妃。她的一位好心朋友替她寄去一張應徵照片，沒想到，這個平凡女子從此開始了她的「王妃」生涯。

這對她而言太艱難了，她閱讀了許多有關王妃的書，她細心揣摩王妃的每一縷心事，她一再重複王妃的一顰一笑、一言一行……

不像，不像，這不像，那也不像！導演、攝影師無比挑剔，一次又一次讓她重來……。

現在，平常女子已能駕輕就熟地扮演「王妃」了，進入角色已無需費多少時間。糟糕的是，現在她要想回復到那個平凡的自己卻非常困難，有時要整整折騰一個晚上。每天早晨醒來，她必須一再提醒自己「我是誰？」，以防止毫無來由地對人頤指氣使；在與善良的丈夫和活潑的女兒相處時，她必須一再告誡自己「我是誰？」，以避免莫名其妙地對他們喜怒無常。

平凡女子深感痛苦地對人說：一個享受過優厚待遇和至高尊崇的人，回復平凡實在是太難了。

說這話時，她仍然像個「王妃」。

人生物語：

「假作真時真亦假，無作有時有還無。」良宵已過，佳宴已散，曲終人盡還不醒悟，還在夢中，就會找不到自己。卸下粉妝，回歸本來，才是自我。

深深一躬

一個別墅區裡，有一位老花匠。老花匠每天種花、澆花、修剪花，日出而作，日落而息。

他服務的對象，是這個城市裡最有身分和地位的人。那些人腰纏萬貫，一呼百應，每天開著名貴轎車往來於城市中心和這個別墅群之間。那些人腳步匆匆，左右著城市前進的步伐。老花匠則不急不徐，穿梭在花叢之間，樹枝之下。

他向西裝革履、高貴優雅的先生女士們微笑、點頭，甚至還和他們打招呼，那些人很有禮貌，對他的問候總是報以矜持的微笑。但老花匠明白，自己和人家永遠是兩個世界的人。

他不知道那些人在忙些什麼，想些什麼，自己只是一個從鄉下到城裡來打工的人，沒資格認識他們。自己只要照料好每一株花草樹木，讓美麗的花草愉悅那些匆忙的人，就足夠了。

有一天，老花匠突然昏倒在地上。他得了重病，昏迷過去。

社區警衛趕緊通報保全公司的經理。「老花匠病了，需要送醫院，現在他身上沒有錢，請大家伸出援手吧！」社區的廣播裡立即播出了這個消息。

一些門打開了，一些急匆匆的腳步停下了，就在等救護車的幾分鐘裡，一張張的鈔票放進了老花匠的工具箱裡。

幾天後，老花匠順利出院了，從南部鄉下趕來的女兒把他扶回社區。那些西裝革履的先生，見到他，依然親切地對他笑笑，和他擦肩而過。但老花匠感到自己和他們不再有距離。

他找到保全公司經理，找到那天的警衛，要謝謝那些慷慨解囊相助的人。可是，沒有人能提供一份名單。顯然，他也不能挨家挨戶敲開門去詢問。

女兒攙著老人，徘徊在社區的樓群之間。天色漸晚，燈光亮起來了。昏黃的、明亮的，整個社區星星點點的光亮，照在老人的臉上。他在每一棟樓前停下，認真地站好，深深地彎腰，鞠躬！

堅硬的城市，在堅硬的外表下還有這麼多柔軟的地方。他向這永不蛻變的溫暖人心鞠躬致謝！

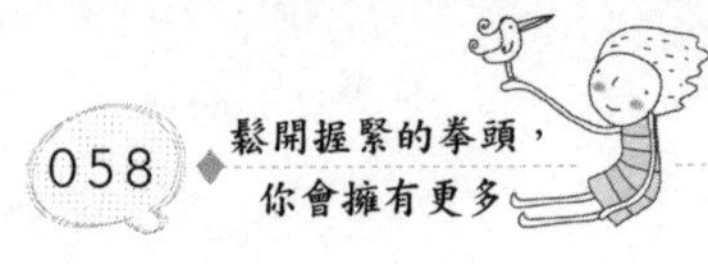

人生物語：

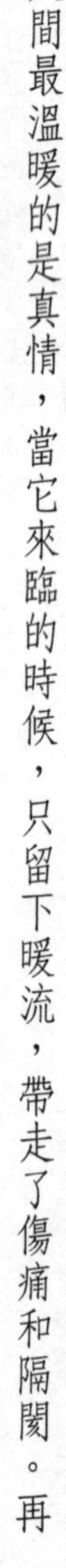

人間最溫暖的是真情，當它來臨的時候，只留下暖流，帶走了傷痛和隔閡。再堅硬的牆也擋不住真情的柔軟。

燈芯將殘

有一位醫術高明的醫生，不但熱心救人，並且收費低廉，遠近的居民都喜歡找他看病。

一天，來了一位半身不遂的白髮老翁，坐在輪椅上，由兒子推著走。

「無論如何，拜託你救救我父親……」四十多歲的大男人，哭得像嬰兒一般，「看了好多位醫生都沒有起色，我只想讓他多活幾年。千萬拜託，醫生。」

醫生仔細量脈搏、血壓、做了心肺檢查後，開了一張藥單，並特地叮嚀：「回家以前，不妨上醫院三樓的佛堂坐坐。」

男人聽得一頭霧水，只當醫生是在安撫病患情緒，沒放在心上。

匆匆地過了兩個月，男人又推著老父來就診，仔細檢查、開藥方後，醫生再度囑咐他陪父親去醫院三樓的佛堂坐坐。

但男人依舊沒在意，拿了藥便推著父親走了。

直到第三次看診，開完藥方後，醫生攔住他，按下電梯一同前往醫院三樓的佛堂。

三人就這麼默默瀏覽著素雅的盆景和書架上的善書佛經，在八坪方大的空間裡，除了清水和兩碟笑香蘭之外，還有橙黃的酥油在供桌上無聲的焚燒，沉睡在火焰的夢裡……。

「我請你們上來坐的原因，是看看油燈的燈芯。」醫師指著前方說，「每一盞油燈都需要燈芯，有最好的油卻沒燈芯，還是無法燃燒。每當油快要燒光，燈芯剩下一小截時，我就會想：再添些油到容器裡，應該可以延長燈芯的壽命吧！於是我真的這麼做了，結果怎樣你們猜？」

望著滿臉疑惑的父子二人，他緩緩接道：「我總是貪心的倒進太多油，結果不是火焰變得極微弱，就是燈芯根本燒不起來。試過好幾次以後，我才明白：要讓燈芯發出最自然的光芒，只有一個方法，就是在容器內注滿油，讓燈芯一路燒完，油盡燈枯，再添入新油、換上新燈芯，這才是點燈的正確方法。」

男人恍然大悟，默默點頭，含淚推著輪椅上的老父離去。

人生物語：

容器是命運，油彷彿我們身處的世界，而燈芯就像肉體軀殼一樣。油燈將殘，由它去吧！人之將逝，讓其遠走。這是人世間逃不掉的規律，只要在有生之年沒有違天而行，順其自然，就已經足夠了。

不知節者損福

有一位年輕人在一家大型的股票上市公司工作，由於他知識淵博，工作能力出色，曾被公司外派到國外去深造。

他奮鬥的目標是當公司裡的第一人，在各個方面他都積極努力的做著，一副勢在必得的姿態。可是有一天，在競爭中，他沒有如願，巨大的精神壓力使他瘋了，常常莫名其妙地哭哭笑笑，有時唱歌不止。一位優秀的人才就這樣變成了廢人。

這樣的例子實在不少，就歷史上的故事來說：

范蠡、文種幫越王勾踐復國雪恥滅了吳國，范蠡功成身退，做買賣去了。他曾勸文種離開，可文種還是迷戀於功名，不聽范蠡之言，最後被勾踐所殺。

古代官場黑暗，人人自危，功成身退，只是求自保而已，不足為訓。但「不貪為寶」這話卻是至理名言。不貪包括不貪權、不貪財、不貪色等。縱觀當今一些步入人生險灘的貪官們，大多貪權、貪財、貪色，機關算盡太聰明，反而誤了卿卿的性命。

有時，人生需要加法，追求權利、追求知識、追求成功、追求富貴這都沒有錯。但有時也需要用減法，淡泊名利、看淡成敗、安於淡泊。宋代林逋在《省心錄》中說：「飽肥甘、不知節者損福；廣積聚、驕富貴不知止者殺身。」

老子和林逋這兩位智者勸導人們要知足、節制、知止，其實質就是說人生需要減法。

減法人生使人更能清醒明白地悟透人生的內涵，合理安排人生的進退取捨，有所為、有所不為，使人生不至於走向極端，也使人生充滿活力、健康、有利於社會，進而使人更有意義。

人生物語：

人生哲學，許多人都無法悟透。凡事都要有個限度，過分追求名利、財富、權力等不屬於自己的東西，往往適得其反，還會失去本已擁有的。

「一張一弛，文武之道」，也應該成為人生的智慧，知足常樂吧！

人性實驗

美國的一位心理學家在露天游泳池中做了一個有趣的試驗，他故意安排不同的人溺水，然後觀察有多少人會去營救他們。

結果耐人尋味。在長達一年的試驗中，當白髮蒼蒼的老人「溺水」時，累計人數只有二十人伸出了援手。

當孩子「溺水」時，累計人數有三十二人進行了營救。

而當妙齡女子「溺水」時，參與的營救人員數字上升到五十人。

心理學家稱，這個試驗可以證明人性中有好惡的傾向。雖然同樣是救人，但他們在跳下水的那一刻，就知道他們心裡在想些什麼。

人生物語：

人性中有好惡的一面，不容迴避。我們要做的就是克服它，戰勝它。

財政大臣的下場

有一個國王生性愛揮霍，生活中充滿著奢華的宴會、漂亮的女人及笙歌宴舞等奢靡情事。

一天，他的財政大臣決定策劃一場前所未有、最壯觀的宴會來討國王的歡心。宴會一直延續到深夜，賓主盡歡，人人都認為這是他們參與過的最令人讚歎的盛事。

然而出人意料的是，第二天一早國王便下令逮捕了財政大臣，這名財政大臣被控竊占國家財富，而且他被指控的罪行全部都得到了國王的認同，最後財政大臣被送上了斷頭台。

人生物語：

當你取悅上級時，千萬不要鋒芒畢露，太過嶄露頭角，否則會令他畏懼、不安，甚至感到威脅。只有讓你的上司看起來比你聰慧，你才能相安無事。

自己爭取來的「飛人」

麥克．喬丹是世界上最偉大的籃球明星。全世界的籃球迷，幾乎無人不知飛人喬丹的大名。但是，你能想像得到嗎？在高中的時候，喬丹曾經是籃球隊的落選者。他跑去問為什麼沒被錄取，教練說：「第一，你的身高不夠；第二，你的技術太嫩了，你以後不可能進大學打籃球。」

他對教練說：「你讓我在這個球隊練球，我可以不參加比賽，但是我願意幫所有的球員拎球袋，幫他們擦汗。我不需要上場，我只求能跟球隊練球，能有跟他們切磋球技的機會。」教練看到這個孩子這麼熱愛籃球，又是這麼渴望成功，就答應了他的要求。一比賽完喬丹真的去為別的球員擦汗。

全世界最偉大的籃球明星就是這樣從跑龍套開始的。

有一次，早上八點的時候，清潔工去球場整理場地，看到一個黑人球員躺在地上，他把他叫醒了。這個黑人說：「哦，我叫麥克．喬丹，我昨天晚上在這裡練球太累了，就睡在了球場裡面。」人們這才知道喬丹不止跟球隊一起練球，球隊練完球以後他還一個人練球，所以累得睡在球場裡面。最後的結果，這個麥克．喬丹的身高長到一九八公分。

麥克．喬丹全家沒有一人超過一百八十公分，連他的父親也覺得奇怪，為什麼全家只有他長得這麼高。也許是麥克．喬丹想要成功的進取心讓他長到了一九八公分。

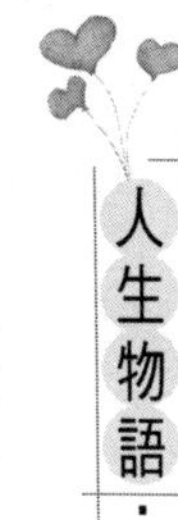

人生物語：

風光的背後是淚水，成功的背後是汗水。成功是從進取和奮鬥中得來的，它只眷顧那些在意它的人。

微笑著生活

他是一個普通人，但是，他那對待困難甚至災難的態度是我永遠不會忘記的。論職業，他只是一個普普通通的賣吃的小攤販。

在我們這個住宅樓下面的空地上，不久前開張了一家小吃攤，經營饅頭、煎餅、稀飯等小吃。攤主是一個四十開外的男人，雖然精神顯得十分的疲憊，但是他的臉上始終掛著一種平和而又溫暖的微笑。

因為地段偏僻，小吃攤的生意一度十分冷清，但是他臉上的笑容幾乎沒有一刻消失過，他依然對著過往的行人微笑著。而我因為新近搬到這裡來住，家中沒有開伙，早餐或者是晚餐幾乎都是在他的小吃攤上將就。時間久了，就與他混熟了。從他口中得知，他妻子前年遭遇車禍，至今仍躺在床上，兒子讀著私立高中，正是更需要花錢的時候，不巧的是，他去年又失業了。

沒有辦法，他只好張羅起這個小吃攤，以支撐這一個瀕臨崩潰的家庭……最令我感到不可思議的是，在他敘述這些常人不敢想像的不幸時，臉上平和的微笑仍然沒有絲毫的改變。

真是奇特，像他這樣的不幸遭遇、這種悲慘的狀況，還有什麼能賦予他微笑的力量？

一天傍晚，我在他的小吃攤上吃完晚餐準備離去時，他叫住了我，笑著對我說：「師傅，今天我運東西的推車壞了，您能不能幫我搬一點東西回家嗎？」

看著他期待的表情，我爽快地答應了。

剛剛走進他狹小的家，我被半埋於枕頭上的一張笑臉感動了——那是他的妻子，躺在床上側過臉來對他微笑著，正如他示人的微笑——平和而又溫暖。從那張微笑著的臉上，根本找不到一絲半點重殘在身、生活艱辛的人所表露出的煩躁、茫然、厭世的神情。這張臉雖然蒼白、清瘦，但是洋溢著的微笑，就如同花般燦爛、明媚，也使得簡陋的房間溫暖如春。

不久，他們的兒子也放學回來了，小伙子臉上的表情也是充滿笑意，一如他的父母親。

也許就是在那一剎那間，我突然明白了，他們為什麼能示人以如花般的微笑，也深深感受到了隱藏在這微笑背後的無可比擬的力量。我想，對待一切困苦的生活，他們都用微笑一一化解了所有的不幸。正是他們微笑的力量，才得以支撐起一個貧困的家庭，這是世界上最彌足珍貴的財富。

人生物語：

生命就是現場直播，沒有彩排，在這個舞台上，每個人都是自己生命中的主角，每個人都應該找到自己的曲調，且投入地微笑著去將它唱出來，讓自己聽見，讓生命聽見。

經驗

有一年，一個登山隊要攀登一座雪峰，想把足跡留在峰頂上。食品藥品及其他登山器材都備齊了，有一位專家提醒說，別忘了多帶幾根鋼針，因為在高寒的雪山上面，燃氣爐的噴嘴極易堵塞，需要用鋼針疏通。負責這事的老登山隊員並沒有聽從專家的忠告，只帶了一根鋼針，因為憑經驗，他認為有一根鋼針已經足夠了。

遺憾的是，這支登山隊最終沒能把腳印留在山頂上，隊員一個也沒有回來。問題就出在鋼針上。那根鋼針在使用時，不慎弄斷了，由於只帶了一根鋼針，燃氣爐無法使用，隊員們斷了飲食，最後全部陷入了絕境。

人生物語：

對人生而言，經驗確實是一筆財富。但是，篤信自己的經驗，對他人的勸告不加選擇一概拒絕，完全憑經驗辦事，有時非但不能成功，反而會把事情辦得更糟，甚至造成無法挽回的後果。

缺少小小的鋼針，葬送了一隊登山隊員的性命，這是經驗的錯誤嗎？不是，經驗沒有錯，錯就錯在太相信經驗而不聽忠告！吸收借鑑他人的經驗，事業、生活才會順利。

一顆明珠

一位僧人四處行腳，有一次他騎著驢子經過一座小橋。這座小橋年久失修，橋板稀疏腐朽，驢子一腳踏下去，把橋板踩斷，一下子跌進溪谷裡去了！

這位僧人眼明手快，及時跳下了驢身。

他站在小橋上，有種恍如隔世，重生般的感覺，所有世俗的塵垢妄想都在這偶然的意外一跌中全部震落，頓時大悟，於是頌出一偈：

我有神珠一顆，久被塵勞關鎖。
今朝塵盡光生，照破山河萬朵。

從此，這位禪僧再也不到外面去行腳了——他發現了自身的價值。

無獨有偶，《法華經》也有這麼一則類似的故事：

有一位貧苦的人，去拜訪一個顯貴的親戚，親戚憐憫他的窮困潦倒，熱情地設宴款待他，他因此痛飲美酒，醉了後便睡著了。

這時正巧衙門通知其親戚因急事需到衙門一趟，親戚一時叫他不起，無法與他告別，便在他衣服裡縫了些珍珠就先走了。但這個人醒後，並不知此事，依舊過著三餐不濟的生活。

後來在一個偶然的機會裡，他又遇到那位親戚。親戚把藏珠一事告訴他，他才恍然大悟：原來自己的衣服裡藏有貴重的珍珠。

人生物語：

在我們每個人的心裡，都有一顆明珠，那就是純真無瑕的心靈。

由於俗世雜念的干擾，人心經受了種種的污染和蒙蔽，正如滋長苔蘚的石頭，落滿枯葉的大地，裝在衣服裡的珍珠。

只有返璞歸真、珍惜自己內心的人，才能擁有自己的明珠。

悲與樂

一個老太太有兩個女兒，大女兒嫁給一個賣雨傘的，二女婿則靠賣草帽為生。

一到晴天，老太太就唉聲歎氣，說：「大女婿的雨傘不好賣，大女兒的日子不好過了。」可是一到雨天，她又想起了二女兒：「又沒有人買草帽了。」所以，無論晴天還是雨天，老太太總是不開心。

鄰居聽了之後覺得好笑，便對老太太說：「下雨天妳就想想大女兒的傘好賣了，晴天時妳就去想二女兒的草帽生意不錯，這樣想，妳不就天天高興了嗎？」

老太太聽了鄰居的話，開始臉上天天都是笑容。

人生物語：

任何事情都有多個角度可以去理解，整天悶悶不樂的人老是從對自己不利的角度去想問題，跟自己過不去，這又何苦？

另一種地獄

有一個人死後，靈魂在去地府的時候，路過一座金碧輝煌的宮殿。宮殿的主人請求他留下來居住。

這個人說：「我在人世間辛辛苦苦地忙碌了一輩子，我現在只想吃，只想睡，我討厭工作。」

宮殿主人答道：「若是這樣，那麼再也沒有比我這裡更適合你居住的了。我這裡有山珍海味，你想吃什麼就吃什麼，不會有人來阻止你；我這裡有舒服的床鋪，你想睡多久就睡多久，不會有人來打擾你；而且，我保證沒有任何事情需要你做。」

於是，這個人就住了下來了。一開始，這個人吃了睡，睡了吃，感到非常快樂。這樣經過了一段時間，漸漸地，他覺得有點寂寞和空虛，於是他就去見宮殿的主人，抱怨道：「這種每天吃吃睡睡的日子過久了也沒有意思。我現在就像是個行屍走肉的人，這種生活我已經沒有一點興趣了。你能否為我找一份工作？」

宮殿的主人答道：「對不起，我們這裡從來就不曾有過工作。」

又過了幾個月，這個人實在忍不住了，又去見宮殿的主人：「這種日子我實在受不了。如果你不給我工作，我寧願去下地獄，也不要再住在這裡了。」

宮殿的主人輕蔑地笑著說：「你以為這裡是天堂嗎？這裡本來就是地獄啊！」

太安逸的生活是靈魂和理想的鐵銹，在無形中腐蝕你的心靈，漸漸消磨你的鬥志，使你消沉下去，甚至變成行屍走肉。

其實，無所事事是一種煎熬和痛苦，充實的生活雖然勞累，但是很有成就感。生於憂患，死於安樂，這世界上有些人的錢是多得花不完，但他還是在拚命工作，這正是為了讓生命充滿活力。

豪宅的屋簷

在一處古都風景遊覽區，一幫遊客正在興致盎然地參觀清代江南某五品官遺下的豪宅，古宅形體龐大、精巧別緻，給人極大的新鮮感。觀看過古宅後，遊客們心裡都納悶：這宅子的屋簷也真怪，怎麼會做成一個小巧的屋子？

導遊小姐站在屋簷下，給遊客們賣了一個關子：她指著屋簷下那間小巧的屋子，學著電視旅遊節目主持人的語氣問道：「大家知道這間小屋子是做什麼用的嗎？」經這麼一吊胃口，大家的興致就來了，紛紛搶答。

有人說：「是放鞋子用的。人進屋後，把鞋子脫下後放在這裡。」

有人說：「是教訓小孩用的。家裡小孩犯錯了就把他關在這裡，閉門思過。」

有人說：「雨天進門，把傘放在這裡。」

有人說：「關雞的。」

導遊小姐抿嘴一笑，得意搖搖頭，告訴大家：「都沒猜對。這是供路過此地的流浪漢遮風擋雨，歇腳過夜用的。」

遊客們啞然。

生活的節奏越來越快，我們的同情心漸漸被擠進一處黑暗的角落，我們的悲憫情懷也正一點一點的流失。在現實中，人們不再會想著為流浪漢做一個能擋風雨隔黑暗的屋簷。但是，我們的先人卻做到了，同情和悲憫應該是一種傳承下去的美德。關懷他人是一種崇高的情懷。人活在這世上，難免會遇到不可預知的困難，總有需要別人幫忙的時候。希望我們能在心裡留一處扶持弱者的屋簷。

成功的道理其實很簡單

一頭老駱駝在垂暮之年，又一次穿越了號稱「死亡之海」的千里沙漠，凱旋歸來。馬和驢請老駱駝去介紹經驗。

「其實沒有什麼好說的，」老駱駝說，「認準目標，耐住性子，一步一步往前走，就到達了目的地。」

「就這些？沒了？」馬和驢問。

「沒有了，就這些。」駱駝平靜地說道。

「唉！」馬說，「我以為牠能說出一些驚人的話來，誰知三言兩語就說完了。」

馬失望地走開了。

「一點也不精采，太令人失望了。」驢也走了。

人生物語：

成功很簡單，也很單調，那就是駱駝樸實的話中所包含的道理：認準目標，耐住性子，一步一步往前走，就能到達目的地。

成功沒有太多的豪言壯語和掌聲鮮花，那些不過是成功後的點綴而已。

等待時機的人

有一個年輕人茫然地靠在一塊大石頭上，懶洋洋地曬著太陽。這時，從遠處走來一個矮個老人。

「年輕人，你在做什麼？」矮個老人問。

「我在這兒等待時機。」他回答。

「等待時機？哈！你知道什麼是時機嗎？」矮個老人問。

「不知道。不過，聽說時機是個很神奇的東西，只要它來到你身邊，那麼，你就會走運，或者當上了官，或者發了財，或者娶個漂亮老婆，或者……反正，美極了。」

「嘿！你連時機是什麼樣子都不知道，還等什麼時機？還是跟著我走吧！讓我帶著你去做幾件對你有益的事情！」矮個老人說著就要來拉他。

「少來煩我！我才不跟你走呢！」他不耐煩地說。

矮個老人歎息著離去。

一會兒，一位長鬚老人來到他面前問道：「你抓住他了嗎？」

「抓住他？他是什麼？」他問。

「他就是時機呀！」

人生物語：

機遇來臨時，就要抓住它。但也只有行動才能抓住它。等是不會得到機遇的，應該自己不斷的把握和創造。

採訪感悟

一個年輕的記者去採訪日本著名的企業家松下幸之助。年輕人很珍惜這次的採訪機會，做了認真的準備。因此，他跟松下幸之助先生談得很愉快。採訪結束後，松下先生親切地問年輕人：「小伙子，你一個月的薪水是多少？」

「薪水很少，一個月才一萬日元。」小伙子不好意思地回答。

「很好！雖然你現在的薪水只有一萬日元，其實，你知道嗎？你的薪水遠遠不止這一萬日元。」松下先生微笑著對年輕人說。

年輕人感到很奇怪：不對呀！明明我每個月的薪水只有一萬日元，可是松下先生為什麼會說不止一萬日元呢？

看到年輕人一臉的疑惑，松下先生接著說：「小伙子，你要知道，你今天能爭取採訪到我的機會，明天也能同樣爭取到採訪其他名人的機會，這就證明你在採訪方面有一定的潛力。如果你能多多累積這方面的才能與經驗，這就會像你在銀行裡存錢一樣，錢存進了銀行是會生利息的，而你的才能也會在社會的銀行裡生利息，

將來它會連本帶利地還給你。」

松下先生的一番話，使年輕人茅塞頓開。

人生物語：

年輕人的路很長，注重能力的提高和經驗的累積比眼前的薪水更重要，因為它是人生存的資本。

除去心靈的雜草

一位哲學家帶著一群學生去環遊世界，十年之間，他們遊歷了所有的國家，拜訪了所有有學問的人，現在他們回來了，個個都是滿腹經綸。

進城之前，哲學家在郊外的一片草地上坐了下來，對學生們說：「十年遊歷，你們都已是飽學之士，現在學業就要結束了，我們上最後一課吧！」

學生們圍著哲學家坐了下來。

哲學家問：「現在我們坐在什麼地方？」

學生們答：「現在我們坐在曠野裡。」

哲學家又問：「曠野裡長著什麼？」

學生們說：「曠野裡長滿雜草。」

哲學家說：「對。曠野裡長滿雜草。現在我想知道的是如何除掉這些雜草。」

學生們非常驚訝，他們都沒有想到，一直在探討人生奧祕的哲學家，最後一堂課問的竟是這麼簡單的一個問題。

有一個學生首先開口，說：「老師，只要有鐮刀就夠了。」哲學家點點頭。

另一個學生接著說：「用火燒也是很好的一種辦法。」哲學家微笑了一下，示意下一位。

第三個學生說：「撒上石灰就可以除掉所有的雜草。」

緊接著，第四個學生說：「斬草除根，只要把根挖出來就行了。」

等學生們都講完了，哲學家站了起來，說：「課就上到這裡了，你們回去後，按照各自的方法除去一片雜草，沒除掉的，一年後再來相聚。」

一年後，他們都來了，不過原來相聚的地方已不再是雜草叢生，它變成了一片長滿稻穀的莊稼地。

學生們就地坐下，等待哲學家的到來，可是哲學家始終沒有來。

數年後，哲學家去世，學生們在整理他的言論時，自行在書的最後補了一章：要想除掉曠野裡的雜草，方法只有一種，那就是在上面種上農作物。

同樣，要想讓靈魂沒有紛擾，唯一的方法就是用美德去占據它。

無事就會生非，沒有道德信仰占據的靈魂自然就會成為邪惡侵擾的對象。讓內心充滿美德、充滿信仰，才能祛除雜念和陰霾，才會讓心靈充實。

買醬油的故事

乙是大批發商，甲做的是小批發，甲從乙處購一批醬油，分三次取貨。第一次到乙處拿貨，乙早已算準了時間，先往桶裡倒了半桶水，再注入醬油，甲也粗心，沒有檢查。待到拿回去後，他不由得連呼上當。

第二次到乙處拿貨，甲便細心的帶著長杓子去。而乙也偏偏早已料到了這一招，就在前一天晚上往桶裡倒上水，擺在院中，由於時值寒冬，一夜之間桶裡的水全都結成了冰，又注入醬油。甲拿杓子一試，舀上來的果然是醬油，甲以為這次是貨真價實的醬油，便將醬油運回去，待把醬油倒出來之後方知再次上當。

第三次到乙處取貨，甲就更加細心了，在用杓子舀時，還要拿出來對照一下桶子的深度，而乙又早已料到，便在前一天晚上將水倒進桶子後放倒，使水在一側凍住，又注入醬油，甲一試果然又上當。

故事至此便結束了，並沒有那種善惡有報的下場。

後來有人把這個故事講給一位教書的朋友聽，事隔不久他就辭職從商，不久便發了大財，買了別墅，有了汽車，令人羨慕。

再後來又有人又把這個故事講給一位經商的朋友聽，不久他就改行做了教師，教出了一批善良正直的學生。

人生物語：

其實，故事猶如一面明鏡，可以照見彼此的靈魂。生活中最亮的鏡子是自己的思想，是高尚還是卑劣，總會照出原形的。

以人為鏡，可以知是非；以心為鏡，可以知善惡。但無論如何，只有那些高尚的人才能充分利用這塊明鏡的用途。

同樣珍貴

朋友在香港的百貨公司買了一個奧地利水晶，那水晶是一個赤身羅漢騎在一匹向前疾馳的犀牛上，氣勢雄渾，將修行者勇往直前的心境表現的非常生動。

百貨公司裡有專門給水晶玻璃包裝的房間，負責包裝的是一位中年婦女。她找來了一個紙箱，體積大約有水晶作品的四倍大。

接著她熟練地把舊報紙和一些碎紙條墊在箱底，水晶作品放在中間，四周都塞滿碎紙條，最後她把幾張報紙揉成團狀，塞好，並滿意地說：「好了，沒問題了，就算從三樓丟下來也不會破掉。」

那個水晶作品本來只有兩尺長、一尺高、半尺寬，現在成為一個龐大的箱子了。好不容易提回旅館，立刻覺得煩惱，這樣大的箱子要如何提回台北呢？

它的體積早就超過了手提的規定了，如果用空運，破損率太大，還是不要冒險才好，一個再好的水晶作品，摔破就一文不值了。

後來，他決定用手提，捨棄紙箱、碎紙條和舊報紙，找來一個手提袋提著。從旅館到飛機場一路平安無事。但是上了飛機沒走幾步，一個踉蹌，手提袋撞到身旁的椅子，只聽到清脆的一聲，他的心震了一下：完了！

他驚魂未定地坐在自己的座位上，連忙拿出水晶來檢查，果然犀牛的右前腳斷裂，頭上的角則完全折斷了。

他心裡非常非常的後悔，後悔沒有聽信包裝婦人的話，更後悔把紙箱丟掉。這時他的心裡出現一個聲音說：

「對一個珍貴的水晶作品來說，包裝它的舊報紙和碎紙條是與它同等珍貴的！」

人生物語：

與美麗相伴的是缺憾，與花兒相伴的是綠葉，與彩虹相伴是烏雲。其實，它們同樣是有意義的。正如一道閃電，黑暗與它一樣有價值，許多事情都不可以忽視負面的因素。

百分之百的完美是不存在的，因為不完美才是完美的組成。

連任總統

一九四五年，羅斯福第四次連任美國總統（美國憲法規定總統只能連任一次）。《先鋒論壇報》的一位記者採訪他，請他談談連任的感想。

羅斯福沒有回答，而是很客氣地請這位記者吃一塊三明治。記者覺得這是項殊榮，便十分高興地吃了下去。

總統又微笑著請他吃第二塊。

記者覺得情不可卻，又吃了下去，不料總統又請他吃第三塊，雖然他的肚子已經裝不下了，但還是勉強地吃了下去。

哪知羅斯福在他吃完之後又說：「請再吃一塊吧！」記者一聽啼笑皆非，因為他實在吃不下去了。

羅斯福微笑著說：「現在，你不需要再問我對於第四次連任的感想了吧！因為你自己已感覺到了。」

人生物語：

「此時無聲勝有聲」，語言中的深奧和寓意可見一斑。

藉由暗喻和影射的方式來認識到連任總統的責任、分量，也讓人知道了什麼是沉重和無奈。許多事都是如此，生活也不例外，是「痛並快樂著」！

幫助

一個小女孩因為長得又矮又瘦被老師排除在合唱團外，而且，她永遠穿著一件又灰又舊又不合身的衣服。

小女孩躲在公園裡傷心地流淚。她想：我為什麼不能去唱歌呢？難道我真的唱得很難聽嗎？

想著想著，小女孩就低聲地唱了起來，她唱了一首又一首，直到唱累了為止。

「唱得真好！」這時，一個聲音響起來，「謝謝妳，小妹妹，妳讓我度過了一個愉快的下午。」

小女孩被突來的聲音嚇了一跳。

說話的是個滿頭白髮的老人，他說完後就走了。

小女孩第二天再去時，那老人還坐在原來的位置上，滿臉慈祥地看著她微笑。

於是小女孩又唱起歌來，老人也聚精會神地聽著，一副陶醉其中的表情。

最後他大聲喝彩，說：「謝謝妳，小妹妹，妳唱得太棒了！」說完，他獨自走了。

這樣過去了許多年，小女孩成了大女孩，長得美麗窈窕，並且成為一位知名的歌手。

但她忘不了公園靠椅上那個慈祥的老人。於是她特意回去公園找老人，但那兒只有一張孤獨的靠椅。

後來才知道，老人早就死了。

「他是個聾子，都聾了二十年了。」一個知情人告訴她。

還有一個故事是這樣的：

哲學大師帝歐根尼為了充實自己的知識，四處雲遊。

一天他來到了河邊，由於水深流急，他不敢涉過河去。恰好有個好心人見他為難，就把他背到對岸。

哲學家大為感動，不斷誇獎好心人，並滿懷歉意地說自己身無分文，無法報答他。

這時好心人又看見有人在對岸，於是又幫這人過了河。

帝歐根尼這時候明白了，他說：「看來我不用感謝你，因為你根本就不在乎我

的名望，幫我只是本性驅使罷了。」

人生物語：

樂於助人之所以被稱之為美德，就在於其行為毫無不良動機，不求回報。我們每個人不妨以此自勉，在別人有困難時，多替對方想想，幫助別人也等於幫助了自己，也能陶冶一個人的高尚情操。

每一次善意的鼓勵，都是一個希望，都是一次創造的機會，我們的鼓勵，出於自己的本性，有時卻是一個人生存的勇氣。

不死

在土耳其旅遊的途中，巴士行經有一年大地震的地方，導遊趁此說了一個感人卻也感傷的故事，事情是發生在地震後的第二天……。

地震後，許多房子都倒塌了，各國來的救援人員不斷搜尋著可能的生還者。兩天後，他們在縫隙中看到一幕難以置信的畫面——

一位母親用手撐地，背上頂著不知有多重的石塊，一看到救援人員便拚命哭喊著：「快點救我的女兒，我已經撐了兩天，我快撐不下去了……」

她七歲的小女兒，就躺在她用手撐起的安全空間裡。

救援人員大驚，賣力地搬移在上面及周圍的石塊，希望儘快解救這對母女，但是石塊那麼多、那麼重，怎麼也無法快速到達她們身邊。

媒體在這裡拍下畫面，救援人員全力營救，辛苦的母親苦苦地支撐著……

透過電視、透過報紙，土耳其人都心酸地掉下淚來。

許多知情的人，放下手邊的工作投入救援行動。

救援行動從白天進行到深夜，終於，一名高大的救難人員看到了小女孩，將她拉出來，但是……她已氣絕多時。

母親急切地問：「我女兒還活著嗎？」

這位母親以為女兒還活著，這也是她苦撐兩天的唯一理由和希望。

這名救援人員終於受不了，放聲大哭：「對，她還活著，我們現在要把她送到醫院急救，然後也要把妳送過去！」

他知道，如果母親聽到女兒已死去，必定會失去求生意志，鬆手讓土石壓死自己，所以騙了她。母親疲累地笑了，隨後，她也被救出送到醫院，她的雙手一度僵直無法彎曲。

隔天，土耳其報紙頭條是一幅她用手撐地的照片，標題「這就是母愛」。

人生物語：

許多時候，感動之餘是否該想想我們在力所能及的情況下，不要一味的自私，要多做一些善事，讓世界多一點溫暖，多一份體諒，畢竟，愛才會使世界更美好。

善待他人就是善待自己

從前有一個漁夫，一天，他捕到了一隻很大的牡蠣，他把牡蠣放在簍子裡。

漁夫睡著後，這隻牡蠣已經乾渴得快要死了。

牡蠣歎了口氣：「上帝啊，快救救我吧！」就在這時，一隻老鼠從這兒經過。牡蠣準備利用這從天而降的唯一機會來挽救自己。

「老鼠，您的心腸這麼好，一定能把我帶到海邊去，對吧？」老鼠看了牡蠣一眼，心裡想，這個牡蠣又肥大又漂亮，一定富有營養並且可口。

老鼠嘴上答應著，心裡卻想著要吃掉牡蠣，「但是，為了把你帶到海邊，你得把殼張開一點。你的殼緊閉著，我怎麼帶你走呢！」

「好，聽你的！」牡蠣同意了。但是，他十分警惕地將其殼半張半開。

老鼠立刻伸過嘴巴來咬牡蠣。儘管老鼠的行動很迅速，但牡蠣事先就預料到了這一步，一下子就夾住了老鼠的腦袋。

老鼠疼得吱吱叫。

老鼠的叫聲傳到貓的耳朵裡，貓立刻跑過來，捉住了這隻害人害己的老鼠。這隻貓吃了老鼠，飽餐了一頓，牠為了感謝牡蠣，於是把牡蠣含著，送進了大海。

人生物語：

自私的老鼠想吃掉求救於牠的牡蠣，最終落入貓腹，成為別人的食物。貓卻為了感謝牡蠣而幫牠回到大海。

看似是一個巧合的結局，其實是告訴我們害人之心不可有，否則害人終害己。

笑對挫折人生

能左右人本身的只是他的心態，你認為自己是個什麼樣的人，就會成為什麼樣的人。

威風凜凜和騎虎難下

從前，有一個青年要到一個村莊去辦事，途中要經過一座大山。臨行前，家人囑咐他：「遇到野獸不要驚慌，爬到樹上，野獸便奈何不了你了。」

年輕人牢記在心，一個人上路了。

他小心翼翼地走了很長時間，並沒有發現有野獸出現，看來家人的擔心是多餘的了。他放下心來，腳步也輕鬆了幾分。正是這時，他突然看到一隻猛虎飛奔而來，於是連忙爬到樹上。

老虎圍著樹幹咆哮不已，拚命往上跳。

年輕人本想抱緊樹幹，但卻因為驚慌過度，一不小心從樹上跌了下來，剛好跌到猛虎背上。他只得抱住虎身不放，而老虎也受了驚嚇，立即拔腿狂奔。

另外一個過路人不知事情的緣由，看到這一場景，十分羨慕，讚歎不已：「這個人騎著老虎多威風啊！簡直就像神仙。」

騎在虎背上的年輕人真是苦不堪言：「你看我威風凜凜，卻不知我是騎虎難

下，心裡惶恐萬分，怕得要死呢！」

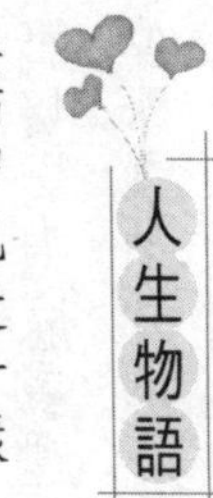

人生物語：

生活中也是一樣，當我們看到別人威風八面，好生羨慕時，說不定他正暗中自愁，不知所措。

當你看出他內心的真實想法時我們則會充滿憐憫，所以與其羨慕別人不如自己生活的真實些，而不讓他人左右。

生活的智慧

花生是人們喜愛的食品。在農村，花生是最主要的農作物，一到採收的季節，農民就進入最繁忙的狀態，他們不僅要把花生從田裡收回來，而且還要把它運送到附近的市集裡去賣。

原先，農民都有一個習慣，就是把採收好的花生，依外觀的大小分為大、中、小三類，這樣再載到市集裡去賣就能賣個好價錢，比混在一起賣能多賺很多錢。但是要把堆成小山一樣的花生分揀開來卻不是一件容易的事，光是這件事就要花費掉許多人力和時間，也影響花生的上市時間。

後來人們發現了一件奇怪的事：漢斯一家從來沒有人分揀過花生，他們總是把花生直接裝進麻袋裡，運到市集裡去賣，而且價錢賣得也不錯。這是怎麼一回事呢？原來漢斯在向市集裡送花生時，沒讓汽車走平坦的公路，而是選擇了一條顛簸不平的山路。

這樣經過十英哩的顛簸，小的花生就自然落到麻袋的最底部，大的留在了上面。賣時仍然大小分開，一樣賣得好價錢。

聰明的漢斯不僅節省了勞力，還贏得了寶貴的時間，他的花生總能比別人早一些上市，自然他的錢是越賺越多了。

人生物語：

大自然中有許多類似的現象。平時不留意根本意識不到，但如果注意觀察，用心分析，善加利用，就能給生活帶來許多便利。

「處處留心皆學問」。平時多留意一些生活中的現象，並善加利用，生活就會更加輕鬆，這也是生活的智慧。

遊戲挫折

一個春光明媚的日子，在陽光普照的公園裡，許多小孩正在快樂地遊玩，其中一個小孩不知絆到了什麼東西，突然摔倒了，並開始哭泣。

這時，旁邊有一個小女孩立即跑過來，別人都以為這個小女孩會伸手把摔倒的小女孩拉起來，或安慰鼓勵她站起來，但出乎意料的是，這個小女孩竟在哭泣著的小女孩身邊也故意摔了一跤，同時一邊看著小女孩一邊笑個不停。

淚流滿面的小女孩看到這幅情景，也覺得十分可笑，於是破涕為笑，兩人在一起玩得非常開心。

人生物語：

挫折、失敗是人生難免的插曲，一帆風順的人生是平淡的人生，只有經歷挫折，笑對挫折的人生才會充滿滋味，才會陽光明媚。

順其自然

畫家住在山邊，有一次因為颱風，暴漲的雨水沖破了他家的前門，家人正拿著木板磚石想去阻擋，卻被畫家阻止：

「前門不必擋，快把後門打開。」

果然那山洪由前門進，在院子裡打個轉，又由後門流出去，院子裡雖然有水，但只是流過，始終沒有積深。

颱風過去了，家人前來報告：

「房子裡只濺進了一點點水，古董字畫毫無損失，唯有幾卷立在門邊的宣紙被浸上了水漬。」

「把宣紙攤在地上，並用水將紙整個噴濕。」畫家又下了一道令人不解的指示。當家人照辦，將那宣紙噴濕、風乾之後，原先的水漬居然全不見了，再經電熨斗一燙，簡直平整如新。

「水怎麼流進來，就讓它怎麼流出去。怎麼浸漬，就讓它怎麼消除！」畫家笑著說。

人生物語：

生活也是這樣，強求自己去做的事情不如順其自然去處理，這樣往往會輕鬆解決。

另一塊木牌

法國著名的女高音家瑪．迪梅普萊有一個美麗的私人林園。每到週末，總會有人到她的林園摘花，撿蘑菇，有的甚至搭起帳篷，在草地上野營野餐，弄得林園一片狼藉，骯髒不堪。

管家曾請人在林園的四周圍上籬笆，並豎起「私人林園禁止入內」的木牌，但均無濟於事，林園依然不斷遭到踐踏、破壞。於是，管家只得向主人請示。

迪梅普萊聽了管家的報告後，要管家做一些大牌子立在各個路口，上面還醒目地寫著：「如果在林中被毒蛇咬傷，最近的醫院距此十五公里，開車約半小時即可到達。」從此，再也沒有人闖入她的林園。

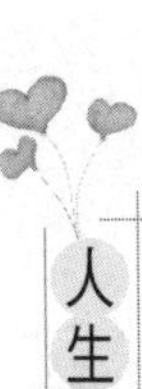

人生物語：

不同的觀念方法轉變，將帶動整個局面的扭轉，有時成敗就在於一念之間。

阿難取水

有一次，佛陀經過一片森林，那天烈日當空，特別熱，他覺得口渴，就告訴侍者阿難：「我們不久前曾跨過一條小溪，你折返回去到小溪幫我取一些水來。」

阿難回頭去找那條小溪，但小溪實在太小了，再加上有一些車子經過，溪水被弄得很污濁，水不能喝了。

於是阿難又返回來告訴佛陀：「那小溪的水已變得很髒不能喝了，我們繼續向前走，我知道有一條河離這兒才幾里路。」

佛陀說：「不，你還是回到剛才那條小溪去。」阿難表面遵從，但內心並不服氣，他認為水那麼髒，只是浪費時間白跑一趟。

他返回小溪的途中，自己就想：為什麼水渾濁了，師父還堅持要取那裡的水，明明我沒錯嘛！不行，我要去找師父理論。阿難走了一半路，又跑回來說：「您為什麼要堅持？」

佛陀不加解釋，語氣堅定地說：「你再去。」阿難覺得師父好固執，但也只好遵從。

當他再來到那條溪流旁，那溪水就像它原先看到的那樣清澈、純淨。泥沙已經沈澱了，阿難笑了，提著水走回來，拜在佛陀腳下說：「師父，您給我上了偉大的一課，沒有什麼東西是永恆的，只需要耐心。」

世間唯一不變的道理就是萬事萬物都在變。沒有什麼東西是永恆的一成不變的，即使表面上沒有什麼變化。對人，對事，待物都要學會以變化發展的眼光去看待，這樣才不會陷入表面的糾纏。

雕塑家的「病」

有一個雕塑家有一天發現自己的面貌越來越醜了。「醜」並非指膚色、五官，而是指神情、神態，怎麼就那樣的「狡詐」、「兇惡」、「古怪」，以致於使面相本身也讓人覺得可惡又可怕。

他遍訪名醫，均無辦法。因為，吃藥也好，整容也好，都無法醫治五官之間的「關係」——無法醫治一個人的愁眉苦臉，無法醫治「滿臉橫肉，凶神惡煞」般的猙獰面目。

一個偶然的機會，他遊歷一座廟宇時，把自己的苦衷向住持說了。住持說，我可以治你的「病」，但不能白治，你必須為我先做一點工——雕塑幾尊神態各異的觀音像。雕塑家接受了這個條件。

在中國千百年的傳統文化中，觀音就是慈祥、善良、聖潔、寬仁、正義的化身，祂的面相神情，自然就是群眾心中這些概念的形象化、典型化。

雕塑家在塑造過程中不斷研究、琢磨觀音的德性言表，不斷模擬祂的心態和神

情，達到了忘我的程度。他相信自己就是觀音。

半年後，工作完成了，同時，他驚喜地發現自己的相貌已經變得神清氣朗，端正莊嚴。他感謝住持治好了他的病。

「不」，住持說，「是你自己治好的。」

此時，雕塑家已找到了原來「變醜」的病根——在過去的兩年間，他一直在雕塑夜叉！

人生物語：

相由心生。人的心態主宰著人生。能左右人本身的只是他的心態，你認為自己是個什麼樣的人，就會成為什麼樣的人。

雨的心情

從前有一個漁夫，脾氣非常暴躁。他每天都會離家去不遠的一條河裡去打魚。有一天，他剛剛撒下網不久，天上竟雷電交加，不一會兒傾盆大雨就排山倒海地下了下來。

眼看著自己剛剛撒下的網和空空如也的魚簍，漁夫非常生氣，他懷著滿腹的「怒氣」開始用力地收網，但事有不巧，漁網被河底裡的水草纏住了，任他怎樣抖動，就是收不起來，後來一氣之下，他將漁網撕扯得破破爛爛，這還不夠，最後又一頭栽進了池塘……卻再也沒有上來過了。

其實，現實生活中還真存在著那麼一些人，天氣對他們的影響很大，境遇也是如此。

也許你正遭受挫折、傷心、難過；也許你在質疑自己，也質疑環境；也許你在大聲咒罵，憤憤於這個世界的不公。

這些都沒有什麼，也都是正常的情緒，因為不如意事，往往是十有八九，這是

事實。

但你想總是如此嗎？你想改變嗎？你總是想讓自己陷入這樣不快樂的情緒嗎？你絕對可以讓自己快樂，只看你願不願意而已。

上司的咆哮、隔壁的狗叫、混亂的交通、忽晴忽雨的天氣，這些都不是我們能控制的，也是難以改變的，可是，讓自己變快樂，絕對是我們能做到的。

有一個最簡單的方法，也是最快的方法，那就是：改變自己。

晴天可以令人高興，雨天當然也可以令人高興；成功可以令人欣喜，失敗當然也可以令你快樂。

晴天可以令萬物得以生長，雨天令植物可以滋潤；成功令一切的努力有了代價，失敗令錯誤的決定方針可以重新調整。

一切的事情都會發生，只是看你心態如何調整而已。

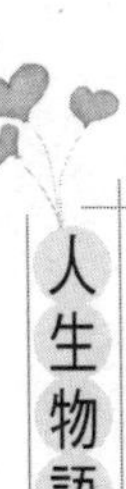

人生物語：

你改變不了天氣，改變不了環境，但你卻可以改變你自己的心情。

陽光就在自己的頭頂

有一天，她和兒子一道種豆子，由於天氣乾旱、老鼠猖獗，她把種子埋得很深。過了幾天，她帶兒子去察看。翻開土壤，發現很多種子都生出了長莖，頂端是兩瓣黃黃的嫩芽，柔弱的生命正在土壤的空隙中努力地往上生長，很快將要破土而出。

兒子驚訝地問她：「媽媽，小豆苗長眼睛了嗎？」

「沒有。」她照實回答。

「那它們怎麼知道都要往上長，而不往下長呢？」

「因為它們要尋找太陽，沒有陽光它們最終會死的。」

「媽媽，要是沒有陽光我們人也會死嗎？」兒子再次問她。

肯定會的。但她不敢這樣回答，只好對他說：「孩子，你放心，不會沒有陽光的。」

其實，人的生命裡時常會有失去陽光的日子，就像種子被埋在土裡一樣。埋得很深的種子，固然生長艱難，但長大後必定根深葉茂，能經得起風雨。

人何嘗不是如此？但總有不少人在歷經挫折之後，以為前途一片黑暗，進而迷失了方向。

種子沒長眼睛，但向上的種子告訴我們，陽光就在自己的頭頂！

人生物語：

衝破阻礙，才能獲得生命。種子的力量在於相信地面有陽光，人也一樣，只有相信始終有陽光在頭頂，才不會迷失和埋沒。

向自己問路

黃昏時分，有一個人在森林中迷了路。天色漸漸地暗了，眼看夜幕即將籠罩大地，黑暗的恐懼和危險一步步逼近。

這個人心裡明白，只要一步走錯，就有掉入深坑或陷入泥沼的可能。會有潛伏在樹叢後面飢餓的野獸，正虎視眈眈注意著他的動靜，深深的恐怖正威脅著他，侵襲著他。萬籟俱寂，對他來說是一片死前的寂靜和孤單。

這時，淒黯的夜空中，幾顆微弱的星光，一閃，一閃，似乎帶來了一線光明，卻又不時地消失在黑暗裡，留給人迷茫。但是對汪洋中的溺水者來說，一根空心的稻草都是珍貴的，都認為是救命的法寶，雖然一根稻草是那麼的無濟於事。

突然間，眼前出現一位流浪漢踽踽途中，他不禁歡喜雀躍，上前叫住，探詢出去的路途。這位陌生的流浪漢很友善地答應幫助他。走呀，走的！他發現這位陌生人和他一樣的迷途。於是他失望地離開了這位迷途的陌生夥伴，再一次回到自己的路線上來。

不久，他又碰上了第二個陌生的人，那個人肯定地說他擁有走出森林精確的地圖，他再跟隨這個新的嚮導，不過發現這是個自欺欺人的人，他的地圖只不過是他自我欺騙情緒的結果而已。於是他陷入深深的絕望之中，他曾經竭力問他有關走出森林的知識，但他的眼神後面隱藏著憂慮和不安，他知道：他和他一樣地迷茫。

他漫無目的地走著，一路的驚慌和失誤，使他由彷徨、失落而恐懼。無意間，當他把手插入口袋時，發現了一張正確的地圖。

他若有所悟地笑了：原來它始終就在這裡，只要向自己本身去尋找就行了。從前他太忙，忙著詢問別人，反而忽略了最重要的事──回到自己。

人生物語：

如同這位流浪者，你天生具有一份內在的地圖，指引你離開憂慮和沮喪的黑暗森林。這個故事告訴我們，情緒性的恐懼是多餘的。假如任何人告訴你別的，那他一定沒有找到他自己。當遇到困難，陷入了困境，不要依賴別人，要相信自己，向自己問路。這往往是成功的前夕，一切即將過去。

智慧是人生的靠山

從前有一個擁有萬貫家財的大富翁，知道自己得了不治之症，所剩的日子不多了，因此他打算把遺產交代給自己的獨生子。

此時獨生子正好到外地去做生意，短時間內無法回來，而大富翁又擔心自己的遺產被僕人侵占，於是立好遺囑以防萬一。

富翁：「僕人哪！我的兒子歸期未定，但我的身子一天一天不行了，如果有一天，撐不下去，閉上眼了，但是我兒子還沒回來，你就把這份東西交給我兒子。」

僕人：「這是什麼呀？」

富翁：「你別問，只要交給他就行了。」

果然，大富翁等不及獨生子返鄉，就撒手人寰了，於是僕人就把遺囑轉交給獨生子。

而僕人早在富翁交遺囑給他時，見機不可失，就擅自篡改成對自己有利的內容。

等到獨生子回來一看，上面竟然寫著：我所有的財產之中，可以由獨生子任選其中的一項，其餘的則全部送給多年服侍我、陪在我身邊的僕人。

僕人心想自己就要成為大富翁了，得意地問獨生子：「這麼多的財產，你就好好地挑一樣吧！我不會吝嗇的。」

獨生子想一想之後說：「我決定了！我選的就是你！」

這個聰明的獨生子立刻化險為夷，輕而易舉就從僕人的手中把自己父親的所有財產全都要回來了。

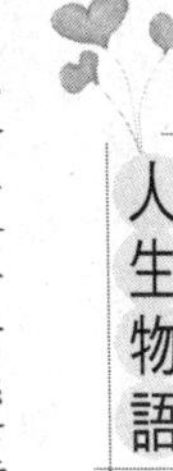

人生物語：

智慧會使事情變得有利於自己，當陷入困境絕處時，謾罵和憤怒是於事無補的，只能用智慧去解開它，才會化險為夷。

父親的教誨

古時候，有一個鐵匠的兒子是個懶惰蟲，整日遊手好閒，好吃懶做。

鐵匠賣力工作的年頭裡，家中生活還過得去，可是他年邁力衰了以後，生活就慢慢顯現出無法支撐的窘態來。

一次，鐵匠對他的老伴說：「我們真倒霉，養了這麼個不懂事的兒子，真是個一無所長的懶漢。要是他再不學著外出工作，我們的家產就等著讓他坐吃山空，他自己也遲早會餓死。我和妳已漸漸年老體弱，應當讓他賺錢餬口了。從今天起就得開始教育他。」

老伴愁緒滿腹，她深知兒子連一毛錢也賺不著。她對兒子又溺愛，就給了他一個硬幣，說道：「你出去找個地方過一天，晚上再回家，把這錢交給你爹，就說是你自己賺來的。」

兒子按照母親的意思辦了。父親接過他的錢，在手中揮動了幾下；又用鼻子聞了聞，就扔進了壁爐裡，開口說道：「這不是你親手賺的錢。」

次日，母親又給了兒子一個硬幣，囑咐道：「快出去，一整天都別回來，多跑跑逛逛，晚上回來就疲倦了。這樣你爹就會信以為真，認為錢確實是你自己賺來的。」

兒子又遵囑行事，晚間回來把錢遞給了父親，父親接過來，又揮動了幾下，接著扔進了壁爐裡。父親說：「你又在騙我了，這錢絕不是你親手賺的。」

老母親明白了，溺愛兒子是無濟於事的。老爹扔錢時，孩子臉上的肌肉紋絲不動，因為他不知道賺錢是多麼艱難。於是，她對兒子說道：「你爹是騙不了的，你明白嗎？別讓他生氣了，找個地方工作去，學點手藝。不管能賺幾個錢，都要交給你爹。讓他知道，你能自食其力了。」

事情就這樣開始有了轉機。兒子走了一星期，不知去向。他幫人做家務，又幫人下田耕作。一會兒向這個師傅學手藝，一會兒又向另一個師傅學技術。就這樣賺了一些錢，帶回家來交給了父親。老父親把錢從一隻手倒向另一隻手，聞了聞，就又把錢扔進了壁爐，一邊還說：「我不相信這些錢是你賺的。」

兒子感到十分委屈，於是一頭撲向壁爐，從灼熱的爐火中，一個一個地把那些錢幣拿了出來，並大聲嚷道：「為了賺這些錢，我從早到晚工作，可是你卻把它們扔進爐子裡。」

父親看了看兒子，笑了：「現在我真相信了，這才是你自己賺的錢，你也懂得這錢真的是得來不易。別人給你的錢，你是不懂珍惜的，但為了自己賺的辛苦錢，就一頭撲進火裡……我再也不用為你的生存問題感到擔心了。」

人生物語：

紙上得來終覺淺。凡事體驗過，才知道珍惜，經歷過艱辛，才知每一分錢都不容易，人生的酸、甜、苦、辣都是如此。

別以為舒適是理所當然的

很久以前，有一匹老馬，帶著牠唯一的兒子一起來到一片豐美的草地上。那裡有潺潺流水，有芬芳的花卉，還有誘人的綠蔭。總之，那裡具有幸福生活所需要的一切。小馬駒根本不把這種幸福的生活放在眼裡，認為這沒什麼值得留戀的，每天在鮮花遍地的原野上毫無目的地東奔西跑，動不動就跳到河裡洗澡，不管餓不餓都濫啃三葉草，無聊了就睡大覺。

一天，養得又懶又胖的小馬駒對他父親說：「近來我的身體不太舒服，都是這片草地不乾淨，傷害了我。三葉草沒有香味；水中帶泥沙；空氣不好刺激我的肺。總之一句話，除非我們離開這裡，要不然我就要去死。」

「親愛的兒子，既然這關係到你的生命，」他的父親答道，「我們馬上就離開這兒。」父親說完就立刻帶兒子出發，去尋找新家。

馬駒聽說要去旅行，興高采烈地「嘶」叫著，而老馬安祥地在前面領路。牠帶著孩子爬上陡峭而荒蕪的高山，那山上沒有牧草，就連可以充飢的任何東西也沒有。天黑了，父子倆只能餓著肚子躺下睡覺。第二天，牠們幾乎已經餓得四肢無力了，才吃到了一些灌木葉，但心裡卻十分滿意。現在，小馬駒不再亂跑了。又過了兩天，他幾乎餓得走不動了。

老馬心想，現在給牠的教訓已經足夠了，於是在夜晚，就把兒子從一條牠不認識的路，又帶回到原來的草地。小馬駒一發現嫩草，就迫不及待地猛吃起來。「啊！多麼絕妙的美味啊！多麼好的綠草呀！」牠喊道：「父親，我們不要再往前找了，也別回老家去了。我們就永遠留在這個可愛的地方，有哪個地方能跟這裡相比呀！」

就這樣說著說著，天亮了。小馬駒認出了這個地方，原來這就是幾天前牠離開的那片草地。

人生物語：

不要把舒適當作理所應當，應該珍惜一切。不要生在福中不知福，折騰醒了才發現原來自己一直很幸福。

參照標準

有一個人去買碗，他懂得一些識別瓷器材質的方法，即用一個碗輕撞其他碗，能發出清脆聲音的碗肯定是材質好的。

但來到店裡，他卻發現每一個碗發出的聲音都不夠清脆。最後店員拿出價格高昂的工藝碗，結果還是讓他不甚滿意。

店員不解地問：「你為什麼拿著碗撞它呢？」

那人說，這是一種辨別瓷器材質的方法。

店員一聽，立即取過一個材質上好的碗交給他：「你用這個碗去試試。」他換了碗，再去輕撞其他的碗，聲音變得鏗鏘起來。

原來他之前手中拿著的是一個材質很差的碗，而用它去輕碰每一個碗，都會發出混濁之音。

人生物語：

選好參照物，是我們正確認識某一件事的前提，參照標準不一樣，結論就會不一樣。生活也是如此，如果參照標準是錯的，那麼你眼中的世界就是錯的。

孝心

他決定要給父親洗一次腳。因為他剛剛看了一篇文章說，一位很有成就的人在反思自己一生的經歷時，覺得最大的遺憾是沒有好好地盡孝，甚至沒給父親洗過一次腳。他看完文章之後覺得深受啟發，想到自己從來就沒有好好地盡過孝，也沒有給父親洗過一次腳，他要用行動來彌補這一遺憾。

第二天，他起了個大早趕火車。坐了一天的火車，傍晚時才進了家門。

父親見他回來，又喜又驚，問：「公司放假了？」

「沒有。」

「出差順路？」

「也不是。」

「那你怎麼有時間回家？」

「我想回家給您洗一次腳。」

父親聽後大惑不解，忙著問：「孩子，有什麼事跟爸爸說，是不是被公司炒魷魚了？」他覺得跟父親說不清楚，便不再搭話。於是端來熱水，給父親洗腳，洗得很認真，洗完之後又扶著父親上床休息。

坐了一天的車，很累，他上床不久就睡著了。想著自己終於盡過一回孝了，心裡很踏實，也就睡得很香。

但父親卻一直睡不著，在床上翻來覆去的，心想「孩子出什麼事了呢？」半夜裡幾次起來想叫醒他，但看兒子睡得那麼沉，也就沒叫他。

天快亮的時候，父親終於受不了了，他推醒兒子，問道：「孩子，告訴爸爸，到底出了什麼事了？你不說出來，爸爸都快要被你急出病來了。」

人生物語：

孝，從來不是暴風驟雨，心血來潮；而是潤物無聲，悄無聲息。是生活中對父母的每天的問候，是為父母每天先盛上一碗飯，為父母每天沏上一杯茶，陪父母聊天，談談工作……不要等想起來才去做。

擦淨心靈

老人病危。迴光返照時，讓兒子拿來一個舊皮箱，從皮箱裡拿出一件黃色的舊大衣，撕開衣角的縫線道，取出一塊錢。

六十年前，老人在城裡開書店。一個年輕人來買書，因為櫃檯上只剩下這一本書，而且是絕版了，所以他便向買書人多要了一塊錢。從此，這一塊錢常被老人托在手上，沉重得如同托著一座大山。

開了五十多年書店，他只做了這麼一件虧心事，而且只因一塊錢。儘管如此，仍讓他日夜不安，他決心退回這一塊錢。然而，六十年過去了，他無緣了卻這樁心願。

在生命終結之際，他給兒女留下的遺囑是，一定要找到那個買書人，買書人不在了，找到他的後人也行，務必要把這一塊錢退回去，他才能安睡在九泉之下。

離開人世時，老人的最後心願是，擦掉心靈上的那一絲灰塵。

兒女料理完老人的後事，坐下來研究怎樣實現老人的遺願。他們討論後發現，這竟是無法退回去的一塊錢，因為他沒有留下那個買書人的姓名，這是永遠無法解開的謎。

深陷悲痛中的兒女們此時才深刻地悟出老人留下的另一個遺願——要兒女在世上乾乾淨淨地做人。

人生物語：

淨化靈魂，需要擦淨心靈。要自省、自悟、自責……要一塵不染。

保持心靈的純淨，就要乾乾淨淨的做人。

瘋狂的鬥牛

一頭鬥牛來到一個牧場，見草肥水美，就住了下來，然而卻為吃草的羊群和牛群帶來了災難。

牧人們不停地抱怨：「自從這頭牛來了之後，我們再也不敢把牲口趕到牧場上去吃草，說不定，連一隻也活不下去……」

漸漸地，牧人們發現，鬥牛非常恨紅色。於是，他們用紅布把一棵大樹包起來，然後躲起來。

鬥牛見到紅布，氣喘吁吁就衝了過去，沒想到牛角深陷在樹幹裡，再也拔不出來了。不久，鬥牛就死了。

人生物語：

一切瘋狂的憎恨，只能導致失去理性。

撞球檯上的蒼蠅

這是一場舉世矚目的賽事，世界冠軍撞球選手已走到衛冕的門口了。他只要把最後那顆八號黑球打進洞，凱旋歌曲就能奏響了。

就在這時，不知從什麼地方飛來了一隻蒼蠅。

蒼蠅第一次落在握桿的手背上。有些癢，撞球選手停下來。蒼蠅飛走了。撞球選手俯下腰去，準備擊球。蒼蠅又來了，這回竟飛落在了撞球選手緊鎖的眉頭上。撞球選手不情願地只好停下來，煩躁地去打那隻蒼蠅。蒼蠅又輕捷地脫逃了。撞球選手做了一番深呼吸再次準備擊球。

天啊！他發現那隻蒼蠅又回來了，像個幽靈似的落在了八號黑球上。撞球選手怒不可遏，拿起球桿對著蒼蠅捅去。蒼蠅受到驚嚇飛走了，但球桿卻觸動了黑球。按照比賽規則，該輪到對手擊球了。對手抓住機會死裡逃生，一口氣把自己該打的球全打進洞去了。

衛冕失敗，撞球選手恨死了那隻蒼蠅。可惜的是他後來患了不治之症，再也沒有機會走上賽場。

臨終時，他對那隻蒼蠅還耿耿於懷。

人生物語：

一隻蒼蠅和一個冠軍的撞球選手命運膠著在一起也許是偶然的。倘若撞球選手能靜下心來並等待那隻蒼蠅飛走的話，故事的結局也許就不一樣了。

明天的落葉

當他還是一個小男孩的時候，家後面有一大片樹林。起風的時候，林中的樹葉隨風飄落，有時會落入廳堂和灶間。於是，他的父親要他每天上學前將樹葉打掃乾淨。對他來說，天剛亮就起床掃落葉實在是一件苦差。尤其是秋冬之際，林間的樹葉好像互相約定好似的，總是不停地落下來。每天花大量時間打掃落葉，讓男孩厭倦不已。但農家的孩子，又怎敢無視父親的規定呢？

後來，男孩從別人那裡得到一個好辦法，那就是掃地之前，先將樹使勁搖動，這樣就可以將第二天將落下的樹葉先搖下來。如此一來，豈不省事許多？

這個辦法令男孩興奮不已，於是他起了個大早，掃地之前使勁將樹搖了又搖。搖到一半時男孩已滿頭大汗，這才發現搖樹比掃地更累，尤其要把第二天的葉子搖落，真不是件簡單的事。但男孩畢竟做了一件讓自己得意的事，那一天他非常開心。

第二天，他起得更早。誰知他到林間一看，依然是落葉滿地。男孩傻眼了，可是他還不死心，依然抱著樹搖了又搖。但無論男孩怎樣用力，第二天清晨，總會看

到滿地的落葉。

有一天，男孩站在滿地落葉中，突然猶如醍醐灌頂般大徹大悟——無論今天怎樣用力，明天的樹葉還是會落下來啊！那一刻男孩心中一片澄明，他終於明瞭，無論未來有怎樣遠大的夢想，活在當下、活在今天才是生命中最實在的態度。

人生物語：

活在當下，活在今天，活在現實。明天的落葉不可能今天掉下來，明天的太陽依舊明天升起。饑來吃飯，睏來睡覺，便是修行。人生也需要實在的態度。

永遠都要坐前排

二十世紀三〇年代，英國一個小鎮裡有一個叫瑪格麗特的小女孩，自小就受到嚴格的家庭教育。父親經常向她灌輸這樣的觀點：無論做什麼事情都要力爭一流，永遠做在別人前頭，而不能落後於人。「即使是坐公車，妳也要永遠坐在前排」。父親從來不允許她說「我不能」或者「太難了」之類的話。

對年幼的孩子來說，他的要求可能太高了，但他的教育在以後的年代裡被證明是非常寶貴的。正是因為從小就受到父親的「殘酷」教育，才培養了瑪格麗特積極向上的決心和信心。

在以後的學習、生活或工作中，她時時牢記父親的教導，總是抱著一往無前的精神和必勝的信念，盡自己最大的努力克服一切困難，做好每一件事情，事事必爭一流，以自己的行動實踐著「永遠坐在前排」。

瑪格麗特上大學時，學校要求學五年的拉丁文課程。她憑著自己頑強的毅力和拚搏的精神，硬是在一年內全部學完了。令人難以置信的是，她的考試成績竟然還名列前茅。

其實，瑪格麗特不光是學業上出類拔萃，她在體育、音樂、演講及學校的其他活動方面也都一直名列前茅，是學生中鳳毛麟角的佼佼者之一。當年她所在學校的校長評價她說：「她無疑是我們建校以來最優秀的學生，她總是有著用不完的雄心壯志，每件事情都做得很出色。」

正因為如此，四十多年以後，英國乃至整個歐洲政壇上終於出現了一顆耀眼的明星，她就是連續四年當選保守黨領袖，並於一九七九年成為英國第一位女首相，雄踞政壇長達十一年之久，被世界政壇譽為「鐵娘子」的瑪格麗特·柴契爾夫人。

「永遠都要坐前排」是一種積極的人生態度，激發你一往無前的勇氣和爭創一流的精神。

在這個世界上，想坐前排的人不少，真正能夠坐在「前排」的卻總是不多。許多人之所以不能坐到「前排」，就是因為他們把「坐在前排」僅僅當成了一種人生理想，而沒有採取具體行動。那些最終坐到「前排」的人之所以成功，是因為他們不但有理想，更重要的是他們把理想變成了行動。

一位哲人說過：無論做什麼事情，你的態度決定你的高度。柴契爾夫人的父親對孩子的教育給了我們深刻的啟示。

人生物語：

「永遠坐在前排」，是一種無畏、自信、進取、不斷的挑戰和豪邁。當你不斷的實現它時，你會獲得無窮的力量，人本身具有無限的潛能，去挖掘你的潛能，你的能量就會越用越多。

機遇是金

在中世紀，兩位素不相識的英國青年傑克和約翰不約而同去某個海島尋找金礦，到海島的郵船很少，半個月一班。為了趕上這趟船，兩人都日夜兼程了好幾天。當他們雙雙趕到離碼頭還有一百米時，郵船已經起錨。

天氣奇熱，兩人都口渴難忍。這時，正好有人推來一車檸檬茶水。郵船已經鳴笛發動了，傑克只看了一眼茶水車，就飛快地向郵船跑去。約翰則抓起一杯茶就灌，他想，喝了這杯茶也還來得及。

傑克跑到時，船剛剛離岸一米，於是他縱身跳了上去。而約翰因為喝茶耽擱了幾秒鐘，等他跑到時，船已離岸五、六米了，最後，他只能眼睜睜地看著郵船漸漸遠去……。

傑克到達海島後，很快就找到了金礦，幾年後，他便成為億萬富翁。而約翰在半個月後才來到海島，因為生計問題只能做傑克手下的一名普通礦工……。

人生物語：

機遇就是這麼怪，轉瞬即逝，不備而來，需要你在幾秒鐘內抓住它，你抓住了它，就有你想要的一切，命運就是抓住機遇的能力。

青蛙的悔恨

夏天來臨的時候，蝌蚪的尾巴逐漸消失，變成了青蛙。青蛙向癩蛤蟆請教在天上飛的辦法。癩蛤蟆說：「你要想再天上飛，辦法只有一個：巴結天上的仙鳥——天鵝或者鳳凰，讓牠們助你一臂之力。」

青蛙牢牢記住這句話，只是苦於一直沒有機會。這天，青蛙突然發現一隻天鵝落到池塘邊，牠喜出望外，連忙提上早已準備好的小蝦小魚，上前搭話。

「這些禮品，微不足道，還望……」青蛙像臣民見了皇上，不敢正視尊顏，說話也卑微起來。

天鵝深受感動：「難得你有這片誠心，自從我受傷以來，你是第一個來看我的呢！」

「受傷？」青蛙抬眼看去，這才發現天鵝的一隻翅膀受傷了，膀根鮮血淋漓。看樣子，再想飛起來只是妄想了。

「哼！」牠馬上變了臉色，「看望你？孝敬你？我能得到什麼！」

說完，牠帶著小魚蝦，三蹦兩跳的不見了。

青蛙回去後，越想越窩囊。第二天一早，牠又來到天鵝跟前，打算去奚落牠幾句，以洩心頭之氣。哪料還未開口，只見天鵝展開翅膀，凌空飛去了。

青蛙後悔莫及，不停地埋怨自己：「我真糊塗！我真糊塗！怎麼沒想到牠還有再上青雲的這一天呢！」

人生物語：

在工作中，不要等待成功的機會，而要向周圍的每個人學習，虛心請教。更不要在人家陷入困境或有難時奚落他，他們還有東山再起的日子。

眼光要長遠，心胸要開闊，善於學習，才能在事業上取得成功。

創造奇蹟

一個星期前，女兒卡羅琳打電話過來，說山頂上有人種了水仙，執意要我去看看。此刻我在途中，勉勉強強地趕著那兩個小時的路程。

通往山頂的路上不但刮著風，而且還被霧封鎖著，我小心翼翼，慢慢地將車開到了卡羅琳的家裡。

「我走不動了。」我強調，「我留在這兒吃飯，但等霧散開了以後，馬上打道回府。」

「可是我需要你的幫忙，將我載到車庫裡，讓我把車開出來好嗎？」卡羅琳說。

「離這兒有多遠？」我謹慎地問。

「三分鐘左右。」她回答我，「我來開車吧！我已經習慣了。」

時間已經過了十分鐘了，我焦急地望著她：「你剛才不是說三分鐘就可以了嗎？」

她咧嘴笑了：「我們繞了點彎路。」

我們已經來到了山頂上，頂著像厚厚面紗似的濃霧。值得這麼做嗎？我想。

到達一座小小的石築的教堂後，我們穿過它旁邊的一個小停車場，沿著一條小路繼續行進，霧氣散去了一些，透出灰白而帶著濕氣的陽光。

這是一條鋪滿了厚厚的老松針的小路。茂密的常青樹罩在我們上空，右邊是一片很陡的斜坡。漸漸地，這地方的平和寧靜撫慰了我的情緒。突然，在轉過一個彎後，我驚訝得喘不過氣來。

就在我的眼前，就在這座山頂上，就在這一片溝壑和樹林灌木間，有好幾英畝的水仙花。各色各樣的黃花怒放著，從象牙般的淺黃到檸檬般的深黃，漫山遍野地鋪蓋著，像一塊美麗的地毯，一塊燃燒著的地毯。

是不是太陽傾倒了？如小溪般將金子漏在山坡上？在這令人迷醉的黃色的正中間，是一片紫色的風信子，如瀑布般傾瀉其中。一條小徑穿越花海，小徑兩旁是成排的珊瑚色的鬱金香。彷彿這一切還不夠美麗似的，倏忽有一、兩隻藍鳥掠過花叢，或在花叢間嬉戲，牠們火紅色的胸脯和寶藍色的翅膀，就像閃動著的寶石。

一大堆的疑問湧上我的腦海：是誰創造了這麼美麗的景色和這樣一座完美的花園？為什麼？為什麼要建在這個荒無人煙的地帶？這座花園是怎麼建成的？

走進花園的中心，有一棟小屋，我們看見了一行字：

我知道您要什麼，這是給您的回答。

第一個回答是：一位婦女——兩隻手，兩隻腳和一點點想法。第二個回答是：一點點時間。第三個回答：開始於一九五八年。

回家的途中，我沉默不語。我震撼於剛剛所見的一切，幾乎無法說話。「她改變了世界。」最後，我說道，「她幾乎在四十年前就開始了，這些年裡每天只做一點點。因為她每天都一點點一點點的不停的努力，這個世界便永遠地變美麗了。想像一下，如果我以前早有一個理想，早就開始努力，只需要在過去每年的每一天裡做一點點，那我現在可以達到怎樣的一個目標呢？」

卡羅琳在我身旁看著，笑了：「明天就開始吧！當然，今天開始是最好不過的。」

人生物語：

每天用一點點時間，堅持自己的一個小小的目標，就會離大目標越來越近，久而久之，還會超越原來的大目標。

捨得

藥材商人來到村子，向村民收購靈芝，出價十分高。但此時正值天寒地凍，上山採藥十分危險，許多村民不敢輕易上山。

有父子三人決定冒一次險，因為商販出的價格實在太誘人了。他們登上了高山，並且到了山川地帶，卻一無所獲。準備回來的時候，山上起了暴風雪，氣溫驟降，年事已高的父親被嚴重凍傷，無法行走。他倒在雪山上，明白自己無論如何再也走不到山下了。便果斷地對兒子說：「我不行了，你們快把我的衣服脫下來穿上，設法下山。」

兩個兒子堅持要背父親下山。雖然父親不斷斥責他們這種自殺行為，卻無法阻止他們。他們背著父親走了一小段路，就迷失了方向，父親也昏過去了。

大兒子脫下身上的大衣蓋在父親的身上，試圖救他回來，許久，父親仍沒有一絲氣息。大兒子凍傷了，他對弟弟說：「我在這裡陪父親了，你把我的衣服穿上，設法下山去。」弟弟悲痛萬分，父親的身體已僵硬，哥哥還有一絲餘熱，他脫下大衣，蓋在哥哥身上，企圖救活他。

第二天，暴風雨過去了，父子三人倒在一起，村裡的人們把他們抬下來，邊走邊流淚。

有人卻惋惜地說：「應該有兩人可以活下來，但他們錯過了。」

人生物語：

「捨得」這個詞有時會很沉重，既然知道風險還仍然堅持去，是「捨」，希望找到靈芝是「得」。結果，賠上三條人命。看來，捨得也要掂量。

胡蘿蔔、雞蛋和咖啡

一壺沸水，依次放上胡蘿蔔，幾分鐘後，胡蘿蔔變得軟軟的；再放上雞蛋，雞蛋煮硬了；最後在水中放入咖啡，整壺水變成了香濃的咖啡飲料。

三樣東西都面臨著同樣的困難——沸騰的水。在一樣的逆境面前，它們的反應是不同的，有的變軟而有的卻堅硬起來，而有的更是使沸水發生了改變，使困境變為順境。

當艱難困苦來敲你的門時，你將做何反應？

你會是胡蘿蔔、雞蛋還是咖啡？

人生物語：

面對困境時要勇往向前，軟弱只有喪失，變硬則會堅強，融入則會和環境一體，變得有味道，有底蘊。你選擇哪一種呢？

支撐

一群大象生活在一片草原中，無憂無慮，幸福無比。然而有一天，病魔突然降臨到這個象群。

經過一段時間，象群中的絕大部分大象都賺脫了病魔的糾纏。可是，有一隻小象卻一直沒能恢復過來，眼看就要支撐不住而倒下。

但是，小象絕不能倒，只要牠一倒下，就會因為巨大的內臟彼此壓迫而傷害自己。倒下，意味著置自己於死地！

就在小象即將倒下的那一刻，大象們兩隻一組輪流用自己的身體夾住小象的身體，支撐著苟延殘喘的生命，用自己的血肉之軀與命運抗爭。

又過了一段時間，奇蹟發生了，在大象群體的呵護下，小象慢慢恢復了元氣，終於擺脫了病魔的糾纏。

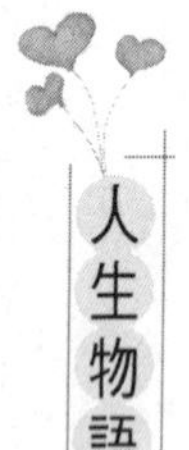

人生物語：

在艱難困苦面前我們常常只差最後的堅持，進而喪失了勇氣和毅力。

其實，我們在困難來臨的時候，保持清醒和忍耐，給自己一個支撐，一切都會過去，生活會重新開始。

喜歡不一定擁有

在生活中，我們有著許許多多的喜歡。然而，並不是每一種喜歡都能夠變為擁有。這正如你看到一件喜歡的衣服，或許它的價格超出了你的經濟能力，或許你只是喜歡它的某一方面而非全部，又或許它真的是很好，但穿在你身上卻未必合適……

喜歡進而擁有，該是一件無比美妙的事吧！然而，喜歡就一定擁有嗎？

喜歡而不去擁有，有三種含義：

一種是喜歡而不能擁有。喜歡一個人，但由於種種條件的限制而不能擁有。當你確信你的這一判斷時，千萬不要勉強自己去試圖達到擁有的地步。那樣做不但會帶來不能擁有的痛苦，而且會失去喜歡所帶給你的快樂。

再一種是喜歡而不想擁有。喜歡一個人，許多時候會是一種瞬間的感覺，這種感覺往往並不實際，或者你喜歡的僅僅是他（她）的某一方面而非全部。若是這樣，就不要邁向擁有，因為這樣的擁有不是幸福而是負擔。

一種是喜歡而不應擁有。喜歡一個人，你卻不能給予他（她）最需要的東西，例如：你生性是個喜歡漂泊的人，不能給對方長久的穩定感，而穩定感又恰是對方所希望得到的，那麼就不要去擁有這份愛。

你應在心靈深處珍藏起你的喜歡，期待著那個能給對方一生一世幸福的人出現，並默默為他們祝福，這是高尚愛的境界。

在許多時候，我們選擇喜歡而不擁有。喜歡而不擁有，會讓你收穫體會你「喜歡」的愉悅，而省卻許多煩惱與痛苦，你可以昇華你的心靈，就會擁有一份燦爛而明朗的心情。

人生物語：

愛是我們生命的重要部分，愛需要激情，也需要理智。當你面對所喜歡的人，一定要認真捫心自問自己的心靈，是否要把喜歡轉化為擁有。

在很多時候，喜歡而不擁有，才是成熟與明智的選擇，才是快樂與幸福的源泉。

例外

愛因斯坦經常拒絕作家的採訪或坐著由畫家為他畫像，但有一次，他改變了態度。

一天，一位畫家請求為他畫像。

愛因斯坦照例回絕道：「不，不，我沒有時間。」

畫家懇切地說，「但是，我非常需要靠這幅畫所得的錢啊！」

愛因斯坦馬上改變了態度，「噢，那就是另外一回事了。我當然可以坐下來讓您畫像。」

人生物語：

偉人總是具有同情心的，所以才偉大。而面對偉人或有求於人時，不妨坦率些，說不定很容易達到目的。

學柔道的小男孩

有一個十歲的男孩，在一次車禍中失去了左臂，但他很想學柔道。

最終，小男孩拜一位日本柔道大師做了師父，開始學習柔道。他學得不錯，可已經練了三個月了，師父仍只是教他一招，小男孩有些不理解。

他終於忍不住問師父：「我是不是應該再學學其他招數？」

師父回答說：「沒錯，你的確只會一招，但你只需要會這一招就夠了。」

小男孩雖然不是明白，但他很相信師父，於是就繼續照著練了下去。

幾個月後，師父第一次帶小男孩去參加比賽。小男孩自己都沒有想到居然輕輕鬆鬆地贏了前兩輪。第三輪稍稍有點艱難，但對手不久就變得有些急躁了，小男孩連著用那一招，又贏了。就這樣，小男孩迷迷糊糊地進入了決賽。

決賽的對手比小男孩高大、強壯許多，也似乎更有經驗。一度小男孩顯得有點招架不住，裁判擔心小男孩會受傷，於是叫了暫停，打算終止比賽判對手贏，然而師父不答應，堅持說：「繼續下去！」

比賽重新開始後，對手放鬆了戒備，小男孩立刻使出他的那一招，制服了對手，贏了比賽，得了冠軍。

回家的路上，小男孩和師父一起回顧每場比賽的每一個細節：「師父，我怎麼僅憑這一招就贏得了冠軍？」

師父答道：「有兩個原因：第一，你幾乎完全掌握了柔道中最難的一招；第二，就我所知，對付這一招唯一的辦法是對手必須抓住你的左臂。」

人生物語：

看似小男孩不可能學會柔道和戰勝對手，但是，他的劣勢正是他的優勢，每個人都應該學會把劣勢化為優勢，有時，事情並不是想像的那樣艱難，只要你堅持下去。

玻璃門

學校大廳的門被踢破了。可憐的門，自從安裝上那天起，幾乎沒有一天不挨踢。十五、六歲的少年，正是調皮與活力充沛的年齡。用腳開門，用腳關門，早成為他們的普遍行為。

學校教職員為此傷透了腦筋，他曾在門上張貼過五花八門的警示語，什麼「足下留情」、「我是門，我也怕痛」，諸如此類。可是，都不管用。

大廳門被踢破的那一天，教職員向校長建議：乾脆換成大鐵門——除非他們裝上鐵腳，那麼就對鐵門沒可奈何了吧！

校長笑著說，放心吧！我已經訂做了最堅固的門。很快，舊門被拆下來，新門被裝上去。

新裝的大門似乎挺有「人緣」，裝上以後居然沒有挨過一次踢。孩子走到門口，總是不由自主地放慢腳步。陽光隨著門扉的開啟與閉合而不停地旋轉。穿越它的時刻，少年的心感到了愛與被愛的欣喜。

這道門怎能不堅固——它捧出一份足金的信任，把一個易碎的夢大膽地交到孩子們手中，讓他們在美麗的憂懼中學會了珍惜與呵護。

——這是一道玻璃門。

人生物語：

何不敞開不設防呢？有時，越是堅固的東西越是有人想去破壞，反之，越脆弱的東西越是小心呵護。防不勝防，不如不防。

落水者和負重者

拿破崙年輕的時候，一次到郊外打獵，突然聽見有人喊救命，他快步走到河邊一看，見一男子正在水中賺扎。

這河並不寬，拿破崙端起獵槍，對準落水者，大聲喊道：「你若再不自己游上來，我就把你打死在水裡！」那人見求救已無用，反而更添一層危險，便只好奮力自救，終於游上岸來。

拿破崙當了皇帝後，一天清晨，在花園中散步，迎面被身負重物的士兵擋住去路。這時宮廷女衛士長連忙喝令士兵趕快給皇帝讓路，拿破崙卻馬上阻止說：「夫人，請尊重負重者。」並給負重士兵讓開了一條道。

拿破崙拿槍逼迫落水者自救，是想告訴他，自己的生命本應該是自己負責的，唯有負責的生命才是真正有救的生命。「請尊重負重者」，在拿破崙看來，地位的高低是不重要的，重要的是生命肩頭的分量。

人生物語：

只有自己能解救自己，能對自己的生命負責。因為「自己的痛苦自己知道，自己的問題自己解決」。

善於探究

一天，愛迪生在實驗室裡工作，急需要知道燈泡容量的數據。由於手邊工作太多，他便遞給助手一個沒有上燈口的玻璃燈泡，吩咐助手把燈泡的容量數據量出來。過了很長時間，愛迪生手頭的工作都已經忙完了，然而，助手仍未將數據送來。於是，愛迪生便親自去找助手。

一進門，便看到助手正在忙於計算，桌上的演算紙已經很多了。

愛迪生忙問：「還需要多長時間？」

助手說：「連一半都還沒完成呢！」

愛迪生明白了，原來，他的助手用軟尺測量了燈泡的周長、斜度，而且正在用複雜的公式計算。小伙子還把程序說給愛迪生聽，證明自己的思路沒錯。

愛迪生不等他說完，便拍了拍他的肩膀說：「你白忙了，小伙子，你怎麼會這樣做呢？」說著，他往燈泡裡面注滿了水，交給助手：「把這裡面的水倒在量杯裡，馬上告訴我它的容量。」

助手聽到後，臉一下子紅了。

愛迪生一生的成功都在於他的思想活躍，勇於探索未知領域。從這個故事我們也可以看出，思想僵化呆滯的人是不可能有所成就的。

人生物語：

要用心去觀察周圍的事物，任何事物都有其規律，只有善於思考和探究，才會發現。其實，所有的事物都是一個道理。

木柴與斧頭

有一個人在院子劈柴，一下午他都汗流浹背的工作。

鄰居看他工作了老半天，好奇地問他：「你在忙什麼啊？」

他搖搖頭指著那一堆木柴說：「忙了一下午，這大概是世界上最硬的木柴了，我一直劈不開它。」

鄰居看看好些劈不開的木柴，笑著說：「讓我瞧瞧你的斧頭。」他接過去看了一下就說：「難怪你會這麼辛苦，你看，斧頭上的刀口都鈍了，先把斧頭拿去磨一磨，就可以省去許多力氣。」

人生物語：

當你每天辛苦地工作，是否常覺得疲累又厭倦呢？先放下手邊的工作，靜思一下，在安靜默想中調整自己的步驟和方向，這會讓我們達到事半功倍的效果，也能

更明確地知道前面的道路。

人容易在忙碌的工作中變得盲目、麻木，停下來充充電，磨磨刀，使自己更鋒利，走得更快，就不會每天費神費力而又迷茫。

業精於專

大科學家牛頓的衣服常常是不合時宜的，居禮夫人結婚時有人要送她一件禮服，她堅持要一件深顏色的，而不要顏色鮮豔的，為的是可以穿著它到實驗室工作；愛因斯坦從不講究衣著，他喜歡的是斯賓諾莎的名言：「要是袋子比其中的肉更好，那可是一件糟糕的事」。在生活上考慮多了，在事業上考慮就少了，有志者都懂得這個淺顯的道理。

牛頓結識了一位年輕的女孩，並且向她求了婚。有一次，他們外出散步，牛頓含情脈脈地拉著女孩的手。可是，他的思緒卻不由自主地想起了他正在研究著的疑難問題。

像做夢似的，他下意識地把對方的手指當作通煙斗的通條，直往他的煙斗裡塞。這位女孩疼得大叫不已，莫名其妙地看著牛頓。牛頓這才回神過來，心疼地向女孩道歉說：「啊，親愛的，請原諒我吧！我知道，愛情這事我是不行的。看來，我是該一輩子打光棍。」

儘管女孩寬恕了牛頓，但是卻無法理解他，愛情終究成了泡影。科學上許多新的問題不斷湧向牛頓的腦海，他整個的身心都集中在科學事業上，所以終身未娶。

愛因斯坦有一種奇妙的自我隔絕的本領。在家裡他常左手抱著孩子，右手做著計算，孩子的啼哭聲和他哄孩子的聲音彷彿屬於另一個世界。在他自己的那個世界裡，僅有的聲音是分子、原子、光量子、空間、時間。

有人問著名指揮家托斯卡尼尼的兒子：「你父親認為一生中最大的成就是什麼？」他回答說：「在我父親眼中沒有所謂最大的成就，只要他正在做什麼，那就是他最重要的事，不論他是在指揮樂隊還是在剝一顆橘子。」不難看出，全神貫注是他成功的祕訣。

人生物語：

人的精力是有限的，一件事想得多了，另一件事就少了。沒有人能一心多用，偉大的人之所以成功就在於對工作專一，投入了全部的精力，不浮躁，不虛榮，鍥而不捨，終鏤金石。

配合默契

在楚國的都城郢地，有這樣一個泥水匠。有一次，他在自己的鼻尖上塗抹了一層像蒼蠅翅膀一樣又薄又小的白灰，然後請自己的朋友、一位姓石的木匠用斧子將鼻尖上的白灰砍下來。

石木匠點頭答應了。只見他毫不猶豫地飛快拿起斧頭，一陣風似的向前揮去，一眨眼工夫就削掉了泥水匠鼻尖上的白灰。

看起來，石木匠揮斧好像十分隨意，但他卻絲毫沒有傷著泥水匠的鼻子；泥水匠呢？接受揮來的斧子也算是不要命的，可是他卻穩穩當當地站在那裡，面不改色，泰然自若。倒是旁邊看的人為他們捏了一把冷汗。

後來，這件事被宋元君知道了。宋元君十分佩服這位木匠的高超技藝，便派人把他找了去。

宋元君對姓石的木匠說：「你能不能再做一次給我看看？」

木匠搖搖頭說：「小人的確曾經為朋友用斧頭砍削過鼻尖上的白灰。但是現在

不行了，因為我的這位好朋友現在已不在人世，我再也找不到像他那樣跟我有配合默契的人了。」

人生物語：

精湛的技藝，高深的學問，傳神的功夫，都是要靠一定的人和事的配合，依賴於一定的外界條件和襯托，否則，個人的智慧和技藝就難以施展。

知妻的丈夫

從前，有個人去拜訪多年沒見的好友，發現好友竟然已娶了兩房，兩個老婆長相與身分地位相差極大，於是忍不住問其原因。

好友回答說：「長得漂亮的是李員外的千金，總以為漂亮所以舉止傲慢，可是我卻不認為她有多漂亮，就讓她做粗活；另一個長得黑黑的是街頭賣燒餅的女兒，從小凡事都很謙虛，我不認為她醜，就讓她管錢財。」

人生物語：

用人不能單憑其外表、出身，要看他的特長、本質，這樣，才會物盡其用，人盡其用，而不會看錯將，調錯兵。

比海更寬闊的是胸懷

有一所地勢較高的中學，上課時從教室就能看到變化無窮的大海。

那年約有八十名新生入學，其中大多數是那些與大海對抗的漁民們的子女。一位新來的老師第一次給新生們上課。

「起立。」

大家都站起來。因為是新生，所以都很認真，教室出現瞬間的寂靜。

但是，有一名學生未起立。

「站起來！剛入學就這種態度可不行！」

老師的語氣顯得非常嚴厲。

這時，傳來一個聲音：「老師，我站著呢！」

是的，他是站著，但是由於這個同學個子太矮，所以看起來像是坐著。

糟糕！老師頓時覺得做了對不起同學的事。

她為自己的粗心感到不安，一時竟不知該說什麼。如果在此時道歉，反而會更加傷他的自尊心。

於是，老師當時只說了聲「對不起」，周圍的學生都笑了起來。

下課後，老師本想找個機會道歉，但忙亂之中竟把此事忘了。

第二天，天空晴朗無雲，春天的大海碧波蕩漾，老師又為這個班上第二次課。

「起立。」

又是瞬間的寂靜。這時，忽然傳來一個洪亮的聲音。

「老師，我站著呢！」

是那個矮個子同學，他站在椅子上，微笑著。

老師卻只覺得非常愧疚。從微笑中，老師看出他這樣做並不是無禮的捉弄，也沒有叛逆情緒的表露。

他彷彿在說：「老師，我不在意，請不要為我擔心。」這樣的體諒，使這位老師的心口感到一陣疼痛。

晚上，老師懷著複雜的心情撥了電話給那位同學。

「老師，別在意。」對方傳來爽朗又充滿稚氣的聲音。

老師長久無語，只祈盼明天的天空還是晴朗無雲，大海依舊碧波蕩漾。

人生物語：

心胸寬廣的人會平靜地面對別人的誤解和接受自己的不足，而且能夠去寬容別人的錯誤和過失，所以他是快樂的，帶給別人的也是晴朗的天空。

用寬廣的胸懷去面對生活，還有什麼會使你失去笑容呢？

心靈測試

朋友講了一個故事：

一戶人家在搬家的時候，發現雜物堆中有兩隻老鼠。大家齊聲喊打，但卻又突然住了手——人們發現那兩隻老鼠有些異樣，其中一隻老鼠咬住了另一隻老鼠的尾巴，牠們像手拉手橫越馬路的孩子那樣，大搖大擺地進行「戰略轉移」。

這時候，有人喊了一聲：「快看後面那隻老鼠——是個瞎子！」大家定眼望去，可不是嗎？後面那隻老鼠的頭部鼓著一個像腫瘤似的東西，兩隻眼睛幾乎都被覆蓋住了。

大家輕歎著，一瞬間就明白了眼前發生的一切——大禍臨頭，那隻健全的老鼠不忍丟下可憐的同伴，就把自己的尾巴放到同伴的嘴裡，引導牠脫離險境。看著這悲壯的一幕，人們的心倏地軟化了，大家不約而同地讓出一條通道。

朋友的故事講完了。最後，他很認真地對聽的人說：「每次講完這個故事，我都忍不住要聽故事的人猜猜這兩隻老鼠可能是什麼關係——你們也試著說說看。」

聽故事的人沉吟了片刻，說：「你一定聽到過許多諸如夫妻關係、母子關係的猜測，可是我寧願相信這兩隻老鼠沒關係。」

朋友莞爾一笑，說：「猜夫妻關係的有一顆銀子般的心，猜母子關係的有一顆金子般的心，猜沒有關係的有一顆鑽石般的心。」

人生物語：

人生最可貴的是人與人之間同舟共濟，風雨同行，不計個人得失與生死。患難之處方見真情，過共同享福的日子容易，可是要做到危難之處兩肋插刀，挺身而出，仗義為懷就難了。願天下蒼生都有一顆鑽石般的心。

心靈是自己的，天堂地獄只在一念之間，全憑自造。

送給自己的最好禮物

成功者必須在面對問題時冷靜、沉著、睿智，智者的堅定不過是將焦慮深藏於心的藝術。

醫生的教導

一個外科醫生告訴學生：「當外科醫生，需要兩項重要的能力：第一、不會反胃，第二、觀察力要強。」

接著，他伸出一隻手指，沾入一碟看來令人作嘔的液體中，然後張口舔了舔手指頭。他要全班學生照著做，學生們只好硬著頭皮照做一遍。

醫生頷首一笑說：「各位，恭喜你們通過了第一關測驗。不幸的是，第二關你們都沒通過，因為你們都沒發現到我舔的手指頭，並不是我放入碟中的那根手指頭。」

人生物語：

觀察要認真仔細才會發現真相。光是認真還不夠，還要有足夠的智慧去判斷你所觀察到的真相。

公孫弘的應對

漢代公孫弘年輕時家貧，後來貴為丞相，但生活依然十分儉樸，吃飯只配一個葷菜，睡覺只蓋普通棉被。這樣，大臣汲黯向漢武帝參了一本，批評公孫弘位列三公，有相當可觀的俸祿，卻只蓋普通棉被，實質上是使詐以沽名釣譽，目的是為了騙取儉樸清廉的美名。

漢武帝便問公孫弘：「汲黯所說的都是事實嗎？」公孫弘回答道：「汲黯說得一點也沒錯。滿朝大臣中，他與我交情最好，也最瞭解我。今天他當著眾人的面指責我，正是切中了我的要害。我位列三公而只蓋普通的棉被，生活水準又和一般百姓一樣，確實是故意裝得清廉以沽名釣譽。如果不是汲黯忠心耿耿，陛下怎麼會聽到對我的這種批評呢？」漢武帝聽了公孫弘的這一番話，反倒覺得他為人謙讓，就更加尊重他了。

人生物語：

公孫弘的應對真可謂機智。對於別人的指責予以承認，無傷大雅，還大加稱讚對方，這樣一來，反而使人覺得自己為人大度，胸懷廣闊，對別人絲毫也沒有影響，純屬對清名的癖好罷了。不可謂這樣做不是一種超人的智慧，我們在面對詰責時，不妨承認那些不傷根本，不傷原則的部分，這樣，指責反而就會平息。

讚美的效果

李太太聘用了一位褓姆，並約定好下星期一正式上班。利用這段時間，她打電話給那位褓姆的前任僱主，詢問了一些她的個人情況，結果得到的評語卻是貶多於褒。

褓姆到任的那一天，李太太就告訴她說：「劉小姐，幾天前我打電話請教了妳的前任僱主，她說妳為人老實可靠，而且煮得一手好菜，帶孩子也很細心，唯一的缺點就是理家比較外行，老是把屋子弄得髒兮兮的。我想她的話並非完全可信，從妳的穿著可以看出來，妳是個很講究清潔的人，我相信妳有這種習慣，也一定會把家裡整理得井然有序。我們應該是可以相處得賓主皆歡才對。」

事實上她們果然是相處得很愉快，劉小姐認真地把家裡打掃得乾乾淨淨，一塵不染，而且工作非常勤奮，寧可自動加班，也不會任工作擱著不做。

李太太看在眼裡，樂在心裡。

人生物語：

讚美是最好的鼓勵和獎賞，它會使人為了維護自己的聲譽，而更加努力。讚美能激發人的自尊和豪情，人們也較喜歡和會讚美的人在一起。

多言無益

有人問墨子：「多說話有沒有益處？」

墨子回答他：「青蛙、蛤蟆整天日夜不停地叫，叫得口乾舌燥也沒人注意到牠的存在，可是公雞每天按時啼叫，一啼天下就知道是天亮了。可見話說多了並沒有好處，只要說的是時候就行了。」

人生物語：

所謂「言多必失」、「禍從口出」，就是在提醒大家話多無益。

有些人為了表現自己，自吹自擂，誇誇其談，結果說破了嘴皮也沒人理會，非但如此，還招人嫌棄和厭煩。

山羊和驢子

有個人飼養著山羊和驢子。主人總是給驢子餵食充足的飼料，嫉妒心很重的山羊便對驢子說，你一會兒要推磨，一會兒又要馱沉重的貨物，十分辛苦，不如裝病，摔倒在地上，便可以得到休息。

驢子聽從了山羊的勸告，摔得遍體鱗傷。主人請來醫生，為牠治療。醫生說要將山羊的心肺熬湯作藥給牠喝，才可以治好。於是，主人馬上殺掉山羊去為驢子治病。

人生物語：

為了讓自己的心理平衡，為了自己的一己之私而出賣陷害他人是可恥的，尤其是出賣身邊最親近的人更不會有好下場。

創新是一種力量

我敢打賭人人都這樣想過：「要是我能像鳥兒一樣飛翔，該有多好啊！」大多數人都是有「賊」心而沒「賊」膽，但不惜以身相試的也不乏其人。這本來也沒有什麼不對的，但有的人就是死不明白。

公元一〇二〇年，有個叫奧利佛的英國人決心實現這個夙願，他在雙臂上繫上了一條鳥翅，撲騰了二百多米，墜下來。結果跌斷了雙臂和雙腿。

儘管他身負重傷，然而似乎還是很開心，他說是他疏忽了，忘了裝上一個鳥尾巴！

無獨有偶，在公元一五〇七年，有個叫約翰．達米恩的義大利人再次對這項記錄做了勇敢的挑戰。他在蘇格蘭進行了他的試飛計劃，因為鳥毛難尋，他就因地制宜，用雞毛紮了一對翅膀。

那天，他披著用雞毛製成的翅膀，從斯多林城堡的高牆上縱身一跳，結果，宛如石頭下落，但很幸運的，他只跌斷了一條腿。約翰．達米恩異常失望，他長歎了一口氣，懊喪地說：「我犯了一個嚴重的錯誤，我用的是雞毛，而雞是不會飛的。要是換成鳥毛，我相信我是可以飛起來的。」

科學的發現，人類的進步，卻來自於人類對自然的捨身探索。

人生物語：

創新能力是眾多能力中最寶貴的一種，它可以透過教育獲得，在訓練和實踐中提高，是一種偉大的力量。每個人都可以擁有它，進而獲得成功。

六祖慧能說：「下下人有上上智」。希望每個人都學會創新，敢於創新，那樣，事業才會有希望，社會才會有希望。

油紙傘

民國初，一個商人在外多年苦心經營，終於累積了大筆財富，準備告老還鄉，結束半生的漂泊，回家與妻兒團聚，置田購房，安度晚年。

當時時局動盪，路上常有劫匪，商人一身灰布衣衫，一雙布底鞋，裝扮成一個餐風露宿的行路人。商人把所有的錢都買了玉器，有道是黃金有價玉無價，商人請人特製了一把竹柄油紙傘，將粗大的竹柄關節全部打通，把珠寶玉器全部放入，身藏萬貫家財，卻貌似貧寒之士，輕輕鬆鬆地上路了。

果然是好計謀！行路多日，無人打擾，這天中午就到了唐家寺，這天下著小雨，他來到了一個小麵館，點了一碗麵，麵香噴噴的，吃飽之後，倦意湧了上來，外面又下著小雨，他不覺雙手撐腮，打了一個盹。

一陣清涼的風吹醒了商人，天已黑了，揉揉眼，猛然發現油紙傘已不見蹤跡，一陣冷汗冒了出來——這把傘可是他的身家性命。

但商人沉著冷靜，他聲色不露，仔細分析，他手裡的小包袱完好無損，並沒有人專門行竊，一定是有人只顧自己方便，順手牽羊取走了自己的雨傘。

沉吟片刻，商人有了主意。他叫來掌櫃的，說自己看中了這個小鎮，請幫忙租個房子。

商人說，自己身無他技，只會修傘而已，想在交通要道上租個小房子。

他待人和氣，心靈手巧，很有人緣，人們都願意把傘給他修理。誰也不知道這個小小的修傘人其實是腰纏萬貫的富商，誰也不知道他每天謙和的笑臉掩藏著一顆緊張焦灼的心。他每天無時無刻都在等待那把油紙雨傘的出現，經過他的手的傘成千成萬，卻唯獨沒有他等待的那一把。

一天他接了一把破舊的傘，主人漫不經心地說：「太費事就算了，不然一把破傘值不了幾個錢，反倒要花不少錢去修。」

言者無意，聽者有心，自己的那把破傘恐怕已破的不能再修了，商人又想了一個好辦法。

第二天，過往的行人看到一條新鮮的廣告：油紙雨傘以舊換新。人們紛紛詢問，得到肯定的答覆後，消息立時傳開了，不久，來了一個中年人，腋下夾著一把油紙傘，恰好就是商人心繫魂索的那把傘。

商人仍不動聲色地收下破雨傘，犀利的眼光一掃，就查到傘柄封處完好無缺。他轉身在店裡挑了一把最好的雨傘，徐徐關了店門。他打開傘柄，商人看到了他的全部玉器後癱坐在地上，半日無語。第二天，修傘店很晚都沒開門。一問，已是人去屋空，他悄悄地來，悄悄地走了。

再以後，這個故事流傳開來，當地人終於恍然大悟，讚歎著商人的沉著、冷靜、睿智和大氣。

人生物語：

成功者必須在面對問題時冷靜、沉著、睿智，智者的堅定不過是將焦慮深藏於心的藝術。

腳比路長

古時在一個叫阿波奇的國家裡，國王想好好地教育一下四個王子。

有一天，國王對四個王子說，他打算將國都遷往據說十分美麗而富饒的卡倫。而卡倫距阿波奇國很遠很遠，要翻過許多崇山峻嶺，要穿過草地、沼澤，還要涉過很多的江河，但究竟有多遠，沒有人知道。所以，父王決定讓你們分頭前往探路。

大王子乘車走了七天，翻過三座大山，來到一望無際的草地邊。一問當地人，得知過了草地，還要過沼澤，還要過大河、雪山……便掉轉馬頭往回走。

二王子策馬穿過了一片沼澤後，被那條寬闊的大河擋了回來。

三王子漂過了兩條大河，卻被又一片遼遠的大沙漠嚇退返回。

一個月後，三個王子陸續回到了國王那裡，將各自的沿途所見報告給國王，並都再三特別強調，他們在路上問過很多人，那些人都告訴他們去卡倫的路很遠很遠。

又過了五天，小王子風塵僕僕地回來了，興奮地報告父親，到卡倫只需十八天的路程。

國王滿意地笑了：「孩子，你說得很對，其實我早就去過卡倫。」幾個王子不解地望著國王，「那為什麼還要派我們去探路？」

國王一臉鄭重地說道：「那是因為，我只想告訴你們四個字——腳比路長。」

人生物語：

路雖遠，行則必至。事雖難，做則必成。堅定信念，一往無前，其實，所謂的遠方，就在眼前。

神祕禮物

退休後的老教授決定再做些事，於是他決定巡迴拜訪偏遠山區的學校，與當地老師分享並傳授自己的教學經驗。由於老教授的愛心及和藹可親，使得他到處受到老師及學生的歡迎。

有一次，當他結束在山區某學校的拜訪行程，而欲趕赴他處時，許多學生依依不捨，老教授也不免為之所動，當下答應學生，下次再來時，只要誰能將自己的課桌椅收拾整潔，老教授將送給他一件神祕禮物。

在老教授離去後，每到星期三早上，所有學生一定將自己的桌面收拾乾淨，因為星期三是每個月教授例行會前來拜訪的日子，只是不確定教授會在哪一個星期三來到。

其中有一個學生的想法和其他同學不一樣，他一心想得到教授的禮物留作紀念，生怕教授會臨時在星期三以外的日子突然帶著神祕禮物來到，於是他每天早上，都將自己的桌椅收拾整齊。

但往往上午收拾妥當的桌面，到了下午又是一片凌亂，這個學生又擔心教授會在下午來到，於是在下午又收拾了一次。想想又覺不安，如果教授在一個小時後出現在教室，仍會看到他的桌面凌亂不堪，便決定每個小時收拾一次。

到最後他想到，若是教授隨時會到來，仍有可能看到他的桌面不整潔，終於小學生想清楚了，他必須時刻保持自己桌面的整潔，隨時歡迎教授的光臨。

小學生或許沒有得到老教授的神祕禮物，但他卻收到了另一份禮物——內心的清靜和整潔。

人生物語：

最好的禮物是自己送給自己的，那就是內心的整潔和清靜。如果不斷地提高修養，勤奮工作，那麼每個人都會收到它。

黑子

黑子是一隻出色的軍犬，每次行動都能很好地完成任務。每逢有偵察小偷的任務，牠都躍躍欲試，精神飽滿，使做賊者先心虛起來。隨著訓導員的一聲號令，黑子很快就用嘴把丟失的東西從隱祕處叼了出來，接著又向站著的人群跑去，沒費多少工夫，就叼住了那個小偷。

黑子興奮地跑向訓導員，等待著嘉獎。但訓導員卻使勁搖著頭對黑子說：「不，不是他！再去找！」黑子大為詫異，眼睛裡露出迷惑的神情。

基於對訓導員的絕對信賴，又使牠轉頭重新開始了更為謹慎的辨認。專業告訴黑子，是他沒錯！於是重新又把那個小偷叼了出來。可是訓導員卻不容置疑：「不對！再去找！」

黑子遲疑地盯著訓導員，轉回身去花更長時間去嗅辨。最後，他還是站在了小偷的身邊，向訓導員堅定地望去：就是他！不會是別人！「不！絕對不是！」訓導員大聲吼著，表情也嚴峻起來。

黑子的自信心被擊潰了，牠相信訓導員遠超過相信自己。牠放棄那個小偷，去找別人。可是不對啊！氣味騙不了黑子。牠焦急地踱著步，在每個人的腳邊都停一會兒，忽兒急促地嗅辨，忽兒轉回頭去窺測訓導員的眼神……最後，當牠捕捉到訓導員眼色在一剎那間微小的變化時，牠把身邊的那個人叼了出來。

當然，這是錯的。訓導員與那些人一起哈哈大笑起來。黑子糊塗了，愣在當場。之後，訓導員告訴黑子：「你本來是對的，但錯就錯在你沒有堅持下去。」

當黑子明白了這是一場騙局之後，牠極度痛苦地「嗷」了一聲，幾滴熱淚流了出來。牠的世界頓時失去了光彩。一個沒有準則、沒有對錯的荒唐世界，把牠所有的信念擊得粉碎。

牠沉沉地垂下頭，一步步地走開了。訓導員的呼喚，像是另外一個世界的聲音，黑子無動於衷，直往外走。

訓導員慌了，他撲上去，緊緊地摟抱住黑子，口中呼喊著黑子的名字，懊悔不已。黑子使勁掙脫了摟抱，一步步地走到了營外，找了個背風的地方趴下。此後幾天，黑子不吃不喝，任訓導員怎麼哄，也始終打不起精神。

牠不再信賴訓導員，也不再信賴任何人，不再目光如電，不再奔如疾風，不再虎視眈眈，……那些雄赳赳的同類，引發的只是牠的憐憫。牠好像已經看穿了那意義後面的無意義。黑子只能永遠退出警犬的行列。

人生物語：

工作方法不對，一而再，再而三的戲弄，使人失去信任，就再也無法彌補了。

千萬不要任意去傷害別人對你的信任和熱情。

旅伴

有一次，冒險家傑夫和一個旅伴穿越高高的阿爾卑斯山的某個山峰，他們看到一個躺在雪地上的人。

傑夫想停下來幫助那個人，但他的同伴說：「如果帶著他這個累贅，我們就會丟掉自己的命。」但傑夫無法想像丟下這個人，讓他死在冰天雪地之中的情景，於是他決定帶這個人一起走。

當他的旅伴跟他告別時，傑夫把那個人扶起來，背在自己背上。他使盡力氣背著這個人往前走。漸漸地，傑夫的體溫使這個凍僵的身軀溫暖起來，那人活過來了。

過了不久，那個人恢復了行動能力，於是兩個人並肩前進。當他們趕上那個旅伴時，卻發現他死了——是凍死的。原來，傑夫背著人走路加大了運動量，保持了自身的體溫，和那個人一起抵禦了寒冷。

傑夫救了那個倒在雪地中的人，結果他們互相取暖都保住了生命，而那個旅伴卻由於自私而無法與人共同抵禦寒冷，失去了生命。

人生的旅途上，溫暖別人的同時，常常也會溫暖自己。

人生物語：

相扶而行，比單獨行動要好，患難與共比單打獨鬥要好，在你放棄和人共苦的時候，甘甜也不會光臨的。

人格寶貴

那是一個名氣很大的合資公司，公司要招聘一名總經理助理，年薪二十萬。張瑞在眾多應徵者中脫穎而出，最後一關是由公司的總經理親自面試。

總經理對他進行了長達兩個小時的面試，張瑞從經營方略到內部管理、新品種開發等方面闡述了自己的想法。總經理認真地聽著，不時讚許地點點頭，顯然，他對張瑞很滿意。

「好了。」總經理說，「講了半天，你口一定渴了，我也有些口渴，請你去買兩瓶礦泉水來。」說著遞給張瑞一張百元大鈔。

張瑞走到街上，買了兩瓶礦泉水，回來遞給總經理，把剩下的錢交代清楚，一分不差地也交給了總經理。他認為這很可能也是考試內容的一部分。

果然，總經理打開一瓶礦泉水，說：「這是今天測試的最後一道題目了。你給我留下了很好的印象，如果這道題你能回答得讓我滿意，你將通過今天的測試。這道題是這樣的：假如這兩瓶中有一瓶被人下了毒藥，當然目標是針對我的，現在我命令你先嘗一嘗。」

張瑞：「我明白你是在測試我對公司和對你的忠誠程度，也許我嘗了你就會錄用我，但我不能嘗，雖然我很想得到總經理助理這個位子，但我認為這是對我人格的污辱。」

總經理怒道：「這次應試者有上千人之多，就算我要他們喝這下毒的礦泉水，他們也會喝！」

張瑞正色道：「我認為你剛才說的話與你的身分地位很不相稱，對不起，我覺得今天的測試該結束了。」說著要起身離去。

總經理立刻和顏悅色地說：「請原諒，剛才只是測試，我很欣賞你的反應和品格。請坐。今天的測試你通過了。恭喜你！你被錄用了。」

張瑞說：「招聘是雙向選擇，你對我的測試通過了，但我對你的測試卻沒有通過，你不是我理想中的老闆。再見！」說完拂袖而去。

人生物語：

人很容易找，人才卻難得。當今社會，雖然壓力很大，競爭很激烈，但是，人生最寶貴的莫過於人格。

「理想中的老闆」比一個具有獨立人格的人才要容易找得多。尊重人才，就要表現在最基本的尊重上，否則什麼也談不上。

蜈蚣買汽水

有一群蟲子聚集在草堆裡一起聚餐聯誼，牠們一邊興奮地聊著天，一邊開心地吃著可口美味的食物。不多久，牠們就把準備好的汽水喝了個精光。

在沒有汽水的情況下，大家口渴難耐，所以就商量要指派一個代表跑腿幫大家買汽水，而賣汽水的地方又離這裡有一段很長的路程，小蟲們認為要解決口乾舌燥的急事，一定要找到一位跑得特別快的代表，才能勝任這樣的任務。

大伙你一言我一語，環顧四周，挑來選去，最後一致推選蜈蚣代為跑腿，因為牠們認為蜈蚣的腳很多，跑起路來，一定像旋風般的快。

蜈蚣在盛情難卻的情況下，起身出發為大家買汽水，小蟲們放心地繼續嬉鬧歡笑，一時忘記了口渴。

過了好久，大家東張西望，焦急地想蜈蚣怎麼還沒回來。情急之下，螳螂自告奮勇跑去瞭解究竟發生了什麼事。

牠一推開門，發現蜈蚣還蹲在門口辛苦地穿著鞋子……。

人生物語：

選用人才，要人盡其才。選得恰當，知人善用，才不會導致資源的虛耗。魯班出征，關羽伐木，只能是心機白費，一無所獲。

漫遊的快艇

一個久不被重用的年輕人，藉單位團體到西湖春遊之機，慕名拜訪了清蓮寺高僧普濟。他對普濟說：「我是一流大學畢業的學生，已在公司兢兢業業做了十年，比我學歷低、年齡小、晚進公司的都得到了提拔重用，我卻還是個辦公室一般的文書職員，請高僧指點迷津。」

普濟聽了年輕人的話，雙手合掌道：「你在工作上對自己是如何定位的呢？」

「我老爸為官幾十年，他告訴我，人不能太露鋒芒，我認為很有道理。」年輕人說。

普濟站起身對年輕人說：「請隨我到對面的景點看看吧！」

普濟領著年輕人走出寺院，在湖邊的一排快艇、大遊船、小木舟中找到寺裡的快艇，然後發動小油門慢慢前行。

與他們同時起碇的一艘快艇加大馬力，似流星劃過天空，在碧綠的湖面犁出一道白線；晚於他們起碇的大遊船「彭彭」歡叫著推浪前行，也很快甩掉了他們；就連隨後而行的雙人小扁舟也走在了他們的前面……

一艘快艇風馳電掣般迎面駛了過來。艇主見普濟的快艇一直走得很慢，便在他們旁邊大聲問：「和尚，跑得這麼慢是不是沒油了？」「我有。」普濟合掌回答道，「多謝，老衲是怕跑得太快會有危險。」

一艘大遊船迎面踏浪駛回來了。船主看著普濟慢慢爬行的快艇高聲喊道：「和尚，你的快艇笨得像蝸牛，該淘汰了。」

一艘雙人舟迎面駛回來了。舟主對普濟說：「和尚，你的快艇連個小木舟都不如，報廢了吧！」普濟沒有應聲，他回頭看看年輕人說：「我們返回吧！」普濟調轉艇頭，加大油門，快艇電掣般向前飛馳，沒一會兒就回到清蓮寺。普濟走下快艇笑著問年輕人：「你說我的快艇究竟如何？」

「因為他們不知你沒加足馬力才說你的快艇沒能量。」年輕人說。

「是啊！其實人又何嘗不是如此呢？你學歷再高，再有才華，但你不顯露，別人不知曉，又怎麼能看重你呢？即便你的能量有人知曉，但見你畏畏縮縮，寧願空耗生命也不敢開拓前進，人家又怎會承認、重用你呢？你又怎能快速到達理想的彼岸呢？在人才競爭激烈的今天更是如此啊！」年輕人聽了，頓然醒悟。

人生物語：

一味的往後退或謙讓、韜光養晦，只能使你不為人所知，以致被埋沒。只有自己向著輝煌全力駛去，才能到達彼岸。年輕人應該勇於開拓，做事業尤其應該如此。

鱷魚蛋破了

鱷魚餓得不可忍受，想到河裡捉魚，於是牠想找個朋友來幫忙照料牠下的蛋。牠剛爬出洞口，就遇見了一隻貓：「鱷魚太太，你去哪裡？」

鱷魚回答道：「我實在太餓了，要去捉魚吃，想找個朋友幫我照料蛋。」

「我可以幫助你。」

「能不能讓我聽聽你的歌聲？」鱷魚說。

「喵！」貓扯著嗓子，叫了一聲。聽著這刺耳的叫聲，鱷魚婉言謝絕了貓的好意。鱷魚繼續往前爬，忽然碰見一隻鹿。

「你在找什麼？」鹿問道。

「我想找個夥伴幫我照顧蛋，我要去捉魚。」

「請讓我試試。」鹿請求道。

「你會唱歌嗎？」鱷魚問道。

「嘔——依！嘿——哦」鹿發出優美渾厚的聲音。

鱷魚很喜歡聽鹿的聲音，就熱情地邀請鹿到牠家裡去。

鹿跟著鱷魚到了洞裡，鱷魚把蛋指給鹿看。

「我會好好替你細心照料的，你放心去捉魚吧！」

鱷魚離開家往河邊爬去，一到河裡就開始抓魚，一會兒工夫，籃子裡便裝滿了魚。

鹿細心地看管著鱷魚的蛋。忽然一隻鳥在枝頭唱歌，鹿在鳥兒的歌聲伴隨下，歡樂地跳起舞來。

「啪啦！」鹿的腳踩破了鱷魚的蛋。牠驚慌失措，不知如何是好，一急之下，索性就坐在了蛋上面。

鱷魚回到家門口，大聲呼喚鹿，就是不見應聲。牠爬進洞一看，發現鹿坐在蛋上，牠請求鹿起身，但鹿死也不肯起來。

鱷魚大為惱怒，把鹿強行推開，這才發現原來蛋被踩破了。鱷魚大動肝火，怒氣沖沖地說：「你幹了什麼好事呢？」

「我太不對起你了，鱷魚。但是這也不是我的過失，我之所以跳舞是因為剛才小鳥在唱歌。」鹿非常內疚地解釋道。

鱷魚跑去責問小鳥，小鳥不慌不忙地解釋道：「是的，鱷魚，我唱歌是因為看見猴子在樹上盪鞦韆啊！」

鱷魚又跑去責問猴子。

「我，我沒盪鞦韆！我是膽戰心驚地從樹上滑下來的，因為我剛才看見一條非常可怕的鱷魚從河裡爬出來。」猴子解釋道。

「天啊！那就是我呀！」鱷魚氣呼呼地說。

人生物語：

做事情要找對方法，要有目標，不能漫無目的。方法不當，只會南轅北轍，背道而馳。

病鹿

有隻生病的鹿躺在草地上。眾多野獸前去看望牠，並吃光了那附近的草。鹿的病好了之後，卻找不到草吃，最終竟因缺少食物而體弱致死。

交友一定要謹慎，過多地結交毫無益處的朋友是有害無益的。

人生物語：

「朋友滿天下，知己有幾人？」過於濫交朋友對自己來說是沒有好處的，最終還會反受其累。

鐵壺和陶壺

陶壺是主人要裝水時買回來的，而鐵壺則是用來裝未燃盡的木炭的。他們先後被主人帶到了這個家裡。只是在不知不覺中，陶壺和鐵壺都閒著沒事做，就在倉庫裡打發無所事事的日子。

有一天，鐵壺對陶壺說：「我們結伴去旅行吧！」

陶壺不知道鐵壺為什麼會忽然發出這個邀請，而且還特意的邀請自己。陶壺想了想，可能是因為我和它形狀相同吧！可是我們的用途大不一樣啊！經過再三的思考，陶壺還是委婉地謝絕了，因為它知道，老老實實地待在爐火旁是自己最明智的選擇。對自己來說，哪怕稍有點磕碰或出現些什麼意外都可能粉身碎骨，變成一堆碎片。

陶壺說：「你比我還要硬朗的多，沒有什麼能使你受損，而我就不行了，你的好意我心領了。」

「我可以保護你，」鐵壺說，「假如有什麼硬東西要撞到你，我可以將你們隔開，你不就可以安然無恙了嗎？」

陶壺覺得鐵壺說得有道理，就同意與鐵壺結伴上路。兩個三條腿的傢伙一瘸一拐在路上行走，只要一不小心兩個就撞在一起。陶壺難受死了，還沒來得及抱怨就已被它的保護者撞成了一堆碎片。

人生物語：

選擇朋友和伴侶必須要條件相當，條件太高自己受累，太低則難免生怨。只有條件相當，才能保持長久的和睦，不至於相互制約。

一錘定音

在一個小山村的村頭，有一戶人家經營著一個專打銅鑼的鋪子，不知道從哪個年代開始，他們的祖祖輩輩就以此為生。工匠夫婦一個人做，一個人賣，撫養著兩個兒子，日子雖然貧苦卻也平靜。

兒子漸漸長大了，也跟隨著父親學手藝。現在，老工匠師傅已經七十歲了，但還堅持每天掌錘。兩個兒子雖然也做了十幾年，但每到製作鑼心的時候，他們就停止了，把錘子交給父親，由父親完成最後的一錘。

一個遠道而來的人，對此疑惑不解，便向老工匠詢問。

老工匠說，這鑼心的一錘與周邊的錘法都不一樣，鑼心以外的每一錘都只是準備，最後的一錘才是定音的，或清脆悠揚，或雄渾洪亮，都因這一錘而定。這一錘打好了，就是好鑼，要打得不輕不重，恰到好處。否則，這只鑼就報廢了。

那個人恍然大悟，難怪會有「一錘定音」之說，原來就是老人說的一番道理。

人生物語：

決定人生命運的路看似很長，但其關鍵只在於一小步。在重要的關頭上，要小心選擇，好好把握。

獅子和牠的顧問

獅子把羊叫來，問牠能不能聞到自己嘴裡發出的臭味。羊說：「能聞到。」獅子咬掉了這個傻瓜的頭。

接著，牠又把狼召來，用同樣的問題問狼。狼說：「聞不到。」獅子把這個阿諛奉承的傢伙咬得鮮血淋漓。

最後，狐狸被召來了，獅子也用同樣的問題問牠，狐狸看看周圍的情形，說：「大王，我患了重感冒，聞不到任何氣味。」

人生物語：

和強者對弈，要做到說話不能過於直率，又不能過於奉承；要儘量模稜兩可，曖昧含糊而又讓人抓不到把柄才行。

老鼠嫁女

從前，有一隻老鼠生下了一隻漂亮的女兒，老鼠總想把女兒嫁給一個有權勢的人物。牠看到太陽很非凡，就巴結太陽說：「太陽啊！你多麼偉大，萬物沒有你，簡直就無法生存，你娶我的漂亮女兒做妻子吧！」

太陽客氣地回答：「我不行，因為烏雲能遮住我，把你的女兒嫁給烏雲吧！」

老鼠又去找烏雲，老鼠對牠說：「你娶了我的女兒吧！你有這樣神通廣大的本領，我真敬慕你。」

烏雲說：「不行，我沒什麼本領，我比不上風，風一吹，我就被吹跑了。」

老鼠一聽，原來風比烏雲更有本領，就找到風，對牠說：「風啊！我可找到你了，聽說你很有本領，很有權威，我願將我美麗的女兒嫁給你。」

風一聽這沒頭沒尾的話，緊鎖雙眉說：「誰稀罕你的女兒，你去找牆吧！他比我行！」老鼠一聽，又決定去找牆。

牆偷偷地說：「我倒是怕你們這些老鼠，你們一打洞，我可就危險了。我不配做你的女婿。」

老鼠一想：牆怕老鼠，老鼠又怕誰呢？牠忽然想起了祖宗的古訓，老鼠生來是怕貓的。牠就趕緊去找貓，點頭哈腰地說：「貓大哥，我總算找到你了，你聰明、能幹、有本事，有權威，作我的女婿吧！」

貓一聽，倒是爽快地答應了：「太好了，就把你女兒嫁給我吧！最好今晚就成親。」

母老鼠一聽，貓大哥真不愧是有魄力、有作為的男子漢，心想總算給女兒找到如意郎君了，於是喜滋滋地跑回家去，大聲對女兒說道：「我終於給你找到好靠山了，貓大哥最顯赫、最有權勢，可享一輩子福呢！」當晚就把女兒打扮好，請來了一群老鼠，打著燈籠、涼傘、旗號，敲著鑼鼓，一路上吹吹打打，把女兒用花轎送到了新郎的住處，貓一看，老鼠新娘來了，等轎剛進門，還未等新娘下轎就撲了上去，一口將可愛的新娘吞進肚裡去了。

人生物語：

想要真正的強大只能靠自己，找靠山是靠不住的，靠山山會倒，靠人人會老，一味的依附、巴結所謂的強者，只會自取其害，自食其果。

不該遺忘的人

有位客人去探訪一家主人，看見他家灶上砌了一個很直的煙囪，靠近煙囪的地方還堆積著很多柴草。

客人便對主人說：「你應該把煙囪改建成彎曲的，柴草要搬遠一點，不然的話，將會引起火災。」

主人聽了不以為然，默不作聲。

過不多久，他家果然失火了，鄉里鄰居紛紛跑來救火，幸好把火撲滅了。

事後，他宰羊擺酒，答謝幫忙的鄰居，凡是那些被燒得焦頭爛額的人都請人上席坐，其他救火的人也都按功勞大小排定座次，但那個勸他把煙囪改成彎曲的客人，卻沒有被請來。假若主人聽從那人的勸告，就用不著破費宰羊擺酒宴的錢財，也根本不會發生這場火災了。

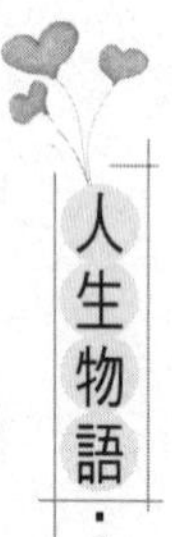

出力者當然要酬謝，但出主意的人卻被遺忘了；本來完全是可以防患於未然的事，卻發生了，這些都不應該。不聽勸告，下次依然會再犯同樣錯誤的。

成功就是簡單的事情重複做

一位著名的推銷大師，即將告別他的推銷生涯，應行業協會和社會各界的邀請，他將在該城中最大的體育館作告別職業生涯的演說。

那天，會場座無虛席，人們在熱切地、焦急地等待著那位當代最偉大的推銷員做精采的演講。當帷幕徐徐拉開，舞台的正中央吊著一個巨大的鐵球。為了這個鐵球，台上搭起了高大的鐵架。

一位老者在人們熱烈的掌聲中走了出來，站在鐵架的一邊。他穿著一件紅色的運動服，腳下是一雙白色膠鞋。人們驚奇地望著他，不知道他要做出什麼舉動。

這時兩位工作人員，抬著一個大鐵錘，放在老者的面前。主持人這時對觀眾說：請兩位身體強壯的人，到台上來。好多年輕人站起來，轉眼間已有兩名動作快速的年輕人跑到了台上。

老人告訴他們遊戲規則，請他們用這個大鐵錘，去敲打那個吊著的鐵球，直到把它盪起來。

一個年輕人搶著拿起鐵錘，拉開架勢，掄起大錘，全力向那吊著的鐵球敲去，一聲震耳的響聲，吊球動也沒動。他接著用大鐵錘接二連三地敲向吊球，很快他就氣喘吁吁了。

另一個人也不甘示弱，接過大鐵錘把吊球打得叮噹響，可是鐵球仍舊一動也不動。台下逐漸沒了吶喊聲，觀眾好像認定那是沒用的，就等著老人做出解釋。

會場恢復了平靜，老人從上衣口袋裡掏出一個小鐵錘，然後認真地面對著那個巨大的鐵球敲打起來。他用小錘對著鐵球「咚」地敲一下，然後停頓一下，再一次用小錘「咚」地敲一下。

人們奇怪地看著，老人就那樣「咚」地敲一下，然後停頓一下，就這樣持續地做。

十分鐘過去了，二十分鐘過去了，會場早已開始騷動，有的人乾脆叫罵起來，人們用各種聲音和動作發洩著他們的不滿。老人仍然敲一小錘停一下地工作著，他好像根本沒有聽見人們在喊叫什麼。人們開始憤然離去，會場上出現了大片大片的空缺。留下來的人們好像也喊累了，會場漸漸地安靜下來。

大概在老人敲打了四十分鐘的時候，坐在前面的一個婦女突然叫一聲：「球動了！」剎那間會場鴉雀無聲，人們聚精會神地看著那個鐵球。

那球以很小的幅度動了起來，不仔細看很難察覺。老人仍舊一小錘一小錘地敲著，吊球在老人一錘一錘的敲打中越盪越高，它拉動著那個鐵架子「匡匡」作響，它的巨大威力強烈地震撼著在場的每一個人。終於場上爆發出一陣陣熱烈的掌聲，在掌聲中老人轉過身來，慢慢地把那把小錘放進口袋裡。老人開口講話了，他只說了一句話：「在成功的道路上，你如果沒有耐心去等待成功的到來，那麼，你只好用一生的耐心去面對失敗。」

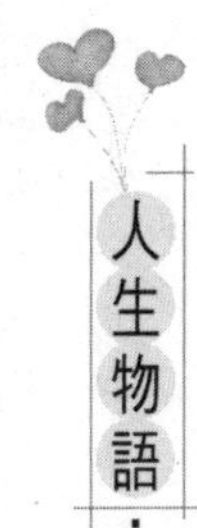

人生物語：

如果你老是想著知足常樂，那麼，就只能在山腳下仰望山頂的雄偉。邁開腳步，一步步的向上登，不管多高，都會達到山巔而鳥瞰腳下的風光。

其實，成功和登山一樣，就這麼簡單：持之以恆，堅持不懈，把簡單的事情重複去做。

小和尚的答案

從前，普陀山有座廟，廟裡住著一個老和尚和一個小和尚，他們師徒二人在寺廟中相依為命。

有一天，老和尚給小和尚出了一個問題：「一個愛乾淨的人和一個不愛乾淨的人一同從外面回來，是愛乾淨的人先去洗澡，還是不愛乾淨的人先去洗澡？」

小和尚搔了搔頭皮，迅速地答道：「當然是不愛乾淨的人先去洗澡，因為他身上髒得很。」老和尚看了看小和尚，不置可否。

小和尚以為自己回答得不正確，又馬上改口說：「一定是那個愛乾淨的人先去洗澡。」

老和尚問：「為什麼？」

小和尚胸有成竹地說：「那還不簡單，愛乾淨的人大多有愛洗澡的習慣，不愛乾淨的人沒有愛洗澡的習慣，只有愛乾淨的人才有可能去洗澡。」說完，小和尚等待師傅的誇獎。出乎意料的是，老和尚不但沒有誇獎小和尚，還說小和尚沒有悟性，這讓小和尚更加莫名其妙了。

「兩個都得去洗澡，愛乾淨的有洗澡的習慣，不愛乾淨的需要洗澡。」小和尚只有這樣回答了。可師傅的臉色告訴他，又錯了。

小和尚只剩下最後一個答案，於是怯生生地回答：「兩個都不去洗澡，原因是愛乾淨的人很乾淨，不需要洗澡，不愛乾淨的人沒有洗澡的習慣。」

他剛說完，老和尚滿意地說：「其實，你已經把四個答案都說出來了，但你每次都認準一個是正確的，所以你的答案是不全面的。生活中這樣的例子並不少見，尤其是在與人交往中，有時並非因為做得不對，而是沒有全面地考慮問題。這個世界是豐富多彩的，一個問題並非只有一個答案。」

人生物語：

我們在面對問題時，可以有很多種解決的辦法，不要只盯住一條路，說不定就鑽了牛角尖。工作也是如此，生活也是一樣。

透視心思的怪獸

傳說在世界上有一隻可以透視人類心思的怪獸。

有一位樵夫在無意間發現這隻怪獸，想消滅牠以除後患，沒想到怪獸透視樵夫的心思，大笑著說：「哈哈哈！你還沒有開始做，我就知道你在想什麼，我可以預知你的下一步動作，想要消滅我，可是比登天還難呢！」

樵夫自知無能為力，決定不再理會這隻怪獸，一心一意地砍樹。

但怪獸不斷地在樵夫身旁奔跑嬉鬧，故意擾亂樵夫的心情。樵夫舉起斧頭一揮，想警告怪獸不要再無理取鬧。

怪獸得知樵夫的心思，早先一步躲開，安然無恙。

樵夫拿怪獸沒辦法，只好不理會，集中自己的注意力，專心砍樹。沒想到斧柄鬆脫，斧刃瞬間飛了出去，只聽見一聲慘叫，斧刃竟然準確地砍在怪獸的要害處。

怪獸可以透視樵夫的心思，卻無法躲過樵夫的無心揮擊。

人生物語：

遇到事情時，光發脾氣解決不了問題。沉著冷靜，尋求出路，遇到解決不了的問題時，不妨暫時放一旁，也許無意間問題就會迎刃而解。

縮頭的小烏龜

一個小男孩，收到爺爺送他的一份生日禮物，那是一隻可愛的小烏龜。他在興奮之餘，很想和烏龜一起玩耍，但烏龜初到陌生的環境，馬上就把頭腳縮進了殼裡。小男孩便用棍子捅牠，想把牠趕出來，但卻一直沒有效果。

爺爺看到他的舉動，就說：「不要用這種方法，我教你一個更好的辦法。」他和小男孩把烏龜帶進屋內，放在暖和的壁爐旁，幾分鐘後烏龜覺得熱了，便伸出了牠的頭和腳，主動向小男孩爬去。

爺爺說：「有時候人也像烏龜一樣。不要用強硬的手段逼迫別人，只要以善意、親切、誠摯和熱情的方式，使他覺得溫暖，他就一定會去做你想要他做的事。」

人生物語：

溫暖的關愛是打開心靈最好的鑰匙。

把花留在這裡

有一位牧師，奉派到新教區，他發現前任牧師種了數百株鬱金香。然而附近學校上學的學童走過花園，見花便摘。有一天早上學童走過時，他站在花園前，有個學童問他：「我可以摘一朵花嗎？」

牧師問：「你要哪一朵？」那孩子選了開得最美的一朵鬱金香。

牧師接著說：「這朵花是你的。要是你把它留在這裡，它很久都不會凋謝。要是把它摘掉，它只能活幾個小時。你想把它怎麼樣？」

孩子想了一會兒說：「我要把花留在這裡，放學後再來看它。」

當天上午，有十多個孩子都在這裡選擇他們的花，每個人都同意把他的花留在花園裡，免得過早凋謝。

那年春天，牧師送出整個花園的花，但一朵花都沒有糟蹋，還結交了許多朋友。

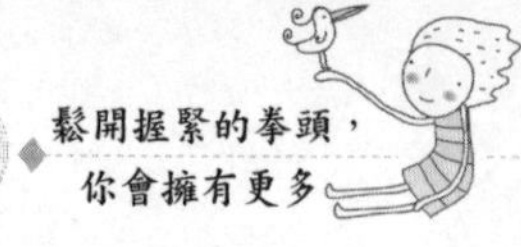

人生物語：

留下花朵，擁有的是春天；留下殘枝，擁有的是荒園。願我們都有一顆美好的心和美好的品德。

過渡

在一個黃昏，靜靜的渡口來了四個人，一個是富翁，一個是當官的，一個是武士，還有一個是詩人。

他們都要求老船長把他們擺渡過去對岸。老船長捋著鬍子：「把你們的特長說出來，我就擺渡你們過去。」

富翁掏出白白花花的銀子說：「我有的是金錢。」當官的不甘示弱：「你要是能」送我過河，我可以讓你當一個縣官。」

武士急了：「我要過河，否則……。」說著揚揚握緊的拳頭。

「你呢？」老船長問詩人。

「唉，我一無所有，可是我如果不趕回去，家中的妻子兒女一定會急壞的。」

「上船吧！」老船長揮了揮手，對詩人說道：「你已經顯示出你的特長，這是最寶貴的財富。」

詩人疑惑著上了船：「老人家，能告訴我答案嗎？」「你的一聲長歎，你臉上的憂慮是你最好的表白，」老人一邊搖船一邊說：「你的真情流露是四人當中最寶貴的。」

人生物語：

真誠的心靈是人最寶貴的本色。

以誠相待，誠心對人，就會如沐春風，如品佳茗。與真誠相比，一切金錢和權勢都顯得蒼白無力。

簡單的愛

一位老人病了，兒女們、親戚朋友都來探望他。眾親友帶來的鮮花禮物，堆成一座小山似的，老人也只睜開眼睛看一看，又疲倦地闔上了。

一個小女孩，可能是老人的孫子吧！輕輕走進來，用小手捏了捏老人的手，然後用同樣的小手撫著捏著老人的額頭、臉部、耳朵、頸部、雙肩。末了，似乎沒什麼事情可做，開始替老人梳理那幾根稀疏的可憐的白髮。

這中間，老人一直沒有動靜。過了好長時間，方才閉著的嘴巴緩緩說：「留這孩子一個人陪我就行，你們其餘的人都回去吧！」

人生物語：

對於一顆孤寂的心來說，另一顆無微不至關懷的心才能給它溫暖和撫慰。鮮花、禮物不過是些毫無意義的形式而已。

六尺巷

傳聞清朝宰相張英，一日忽然接到老家書信。拆開一看，方知家人與鄰居發生爭執，起因是隔開兩家院子的牆塌了，重新砌牆時都為多占些地皮而寸土不讓。家人捎信來請他出面說話，好讓鄰居退縮。

不久，張英給家人回信，信裡卻只有一首打油詩：

千里捎書只為牆，
讓他三尺又何妨。
萬里長城今猶在，
不見當年秦始皇。

家人乃明白了其中的道理，主動往後退讓三尺，鄰居也自知理虧，也往後退讓三尺，於是中間出現了一條六尺寬的巷子，可供村民行走。村人於是將巷子命名為「六尺巷」。

人生物語：

古往今來，有哪些東西是永傳後世的呢？恐怕只有美德和謙讓的精神。退一步海闊天空，又何必不惜為蠅頭小利而爭得頭破血流呢？

事無鉅細

有三個人去一家公司應徵採購主管。他們當中一人是某知名管理學院畢業的，一名畢業於某商學院，而第三名則是一家私立高職的畢業生。在很多人看來，這場應徵的結果是很容易判斷的，然而事情卻恰巧相反。經過一番測試後，留下的卻是那位私立高職的畢業生。

在整個應徵過程中，他們經過一番番測試後，在專業知識與經驗上各有千秋，難分伯仲，隨後招聘公司總經理親自面試，他提出了這樣一個問題，題目為：假設公司派你到某工廠採購四千九百九十九個信封，你需要從公司帶多少錢去？

幾分鐘後，應試者都交了答卷。

第一名應徵者的答案是四百三十元。

總經理問：「你是怎麼計算呢？」

「就當採購五千個信封計算，可能是要四百元，其他雜費就算三十元吧！」答者對應如流。

但總經理卻未置可否。

第二名應徵者的答案是四百一十五元。

對此他解釋道：

「假設五千個信封，大概需要四百元左右，其他雜費可能還需用十五元。」

總經理對此答案同樣沒表態。

但當他拿起第三個人的答卷，見上面寫的答案是四一九・四二元時，不覺有些驚異，立即問：

「你能解釋一下你的答案嗎？」

「當然可以，」第三個應徵者自信地回答道，「信封每個八分錢，四千九百九十九個是三百九十九・九二元。從公司到某工廠，乘汽車來回票價十元，午餐費五元，從工廠到公車站有一里半路，請一輛三輪車搬信封，需用三・五元。因此，算出最後的總費用為四百一十九・四二元。」

總經理不覺露出了會心的一笑，收起他們的試卷，說：「好了！今天到此為止，明天你們等通知。」

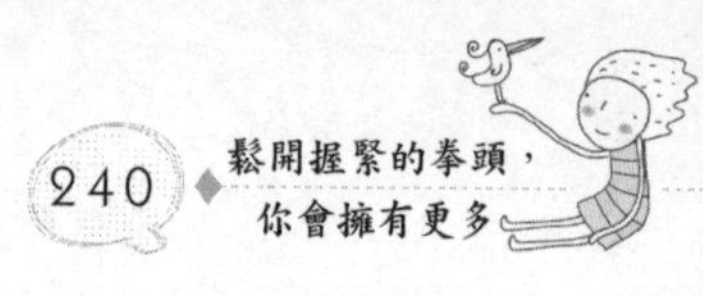

人生物語：

事無鉅細，不做則已，做則要做到盡善盡美，細緻認真，這樣的人才具備做大事的品質，成功自然就會屬於他。

人的悲哀

天山腳下小村莊的一匹漂亮母馬，失去了矯健的配偶，村裡人想再找一匹公馬，來培育出優良的後代。

在對一匹匹公馬失望之後，人們最終想到了這匹母馬的兒子，一匹強壯剽悍渾身無一根雜毛的白馬。

但，牧民們清楚，馬不近親交歡，鞭打也不從。於是他們用黑布罩住了兩匹馬的眼，懷著邪惡的心態，將雄健的公馬拉到美麗的母馬旁。

人們如願以償。

事後，一位牧人心想木已成舟，百米外取掉馬的眼罩。

白馬回頭看了一眼母馬，仰天長嘯；母馬也認出了白馬，頓時揚起兩隻前蹄，幾乎將身體豎起，爆發悲鳴。

牧民們猛然驚醒，然而一切都來不及了。

白馬拚死賺脫轠繩，向遠處的崖邊奔去，縱身一跳；而此時母馬也脫轠向相反的方向狂奔，面對萬丈深淵，毫不猶豫地跳下去……。

那裹著利慾和謀略的人，那帶著血性和尊嚴的馬，在生命的崖上交鋒，天地看到了勝敗。

人生物語：

不只是人才有尊嚴，不只是人才懂得尊嚴。這地球絕非只屬人類，萬物皆有其靈性，皆有其規律。不顧長遠而只知道胡亂改天造地，結果只能得到哀鳴和毀滅。

策略

巴黎的聖馬丁大教堂附近，每日遊客如織，一個盲人在此乞討，他的面前擺著一張紙條，上面寫著：「我一出生就雙眼全盲」的字樣，紙條上邊擺著個破帽子，但並沒有多少人給他錢。

一天，一位美國遊客到此遊玩，見此情景就和他的法國朋友打賭，說他有辦法讓那乞丐的帽子中盛滿錢。

法國朋友自然樂於打賭，然後這位從事銷售工作的美國遊客就走上前去，把乞丐的紙條翻過來，在上邊重新寫了幾句話。

說來真怪，自從新句子擺出來後，沒一會兒帽子中就裝滿了錢。

紙條上是這樣寫的：

「春天來了，各位到此欣賞美景，一定很快樂。而我卻什麼也看不見，因為我一出生就失去了光明。」

人生物語：

可憐的祈求不如變成動心的詩歌，乾巴巴的事實不如變成令人同情的述說，同樣一件事，卻是兩種截然不同的結果，語言的魅力在此顯現，而我們做其他事的時候，是否也應該這樣呢？

創造機會

有一次，一位女推銷員到拿破崙．希爾的辦公室，向他推銷報刊，其中的一種就是《週六晚郵》。但她的推銷方法與眾不同。她看了看他的書桌，發現書桌上擺了幾本雜誌，然後，忍不住熱情地驚呼：「哦！我看得出來，你十分喜愛閱讀書籍和各種雜誌。」

聽了她的話，拿破崙．希爾把稿子放了下來，想要聽聽她還會說些什麼。只是簡單的一句話，她為自己創造了推銷的機會。

敲開機會和成功之門，要靠一定的方法和技巧。

館長的謊話

博物館被偷！幾件鎮館之物不翼而飛。

專家分析這絕不是一個人幹的，而且必定都是行家，破壞警鈴、開保險鎖、車子接應，再加上中途換車，根據推算至少有五個人才有辦法。

政府開始懸賞，博物館的館長也接受了電視訪問。他顫抖著說：「十六件全是精品，尤其是那只水晶杯，更是舉世無雙，愛珠寶的人，千萬不能收藏，遲早會被發現的！」他瞪大了眼睛說，「因為那水晶杯太好了，任何人都能一眼就看出來，它是價值連城的寶貝。」果然，沒多久就破了案。

一群竊賊雖然計劃周詳，沒留下任何線索，卻因為內部不合，兩派開火，而被發現。受傷的竊賊，躺在床上吐露出了實情：「當時由我和另外一個人進去，我們只偷了十五幅畫，根本沒有什麼水晶杯，可是外面的幾個人不信，非要我們把水晶杯交出來，後來連我朋友都認為是我獨吞了。」受傷的竊賊大聲喊著，「我沒有拿！我真的沒有拿！你們要相信我！」「我相信他！」博物館長在驗收十五幅畫之

後，笑道，「感謝上天，十五幅畫完整無缺地回來了。至於水晶杯，唉！我們館裡何曾有過啊？」

人生物語：

館長真是高明，用離間之計使寶物失而復得。而對於企業來說，則應團結一致，內耗會導致集體的瓦解、崩潰，會使團隊傾覆。

一百元假鈔

有一個商場招聘員工，經過篩選後，三個女孩參加了第二天的複試。

複試由老闆把關。當第一個女孩走進老闆的辦公室時，老闆拿出一張一百元的鈔票，要這位小姐到樓下買一包香菸給他。

這個女孩覺得自己還沒有被正式錄用，就被老闆無端指使，很過分。將來的工作一定會有很多麻煩事，於是乾脆拒絕了老闆的要求，離開了老闆的辦公室。

第二個女孩走進辦公室後，老闆也拿出了一張一百元的鈔票，要她去買一包香菸。這個女孩很想給老闆留下好印象，於是爽快地答應了。

可是，當她走到樓下買香菸時，才發現這張鈔票是假的，但她還是用自己的錢買了菸，又把找來的零錢全部交給了老闆，對假鈔的事隻字未提。

第三個女孩也同樣被要求去買香菸。

當她接過老闆遞過來的一百元鈔票時並沒有轉身就走，而是很自然地看了看鈔票，並很客氣地要求老闆另外再給她一張鈔票。老闆微笑著拿回了那張一百元的假鈔。

最後第三位小姐被錄用了。

工作中要保持認真仔細的態度，並對自己的行為負責。做到敬業、冷靜、理智、不卑不亢、全心投入，自然會令人敬佩。

笑

晉文公領兵出發準備攻打衛國，公子鋤這時仰天大笑，晉文公便問他為何仰天大笑。他說：「我是笑我的鄰居啊！當他送妻子回娘家時，在路上碰到一個採桑的婦女，便按捺不住就去和採桑的婦女搭訕，可是當他回頭看自己的妻子時，發現竟然也有人正勾引著她。我正是為這件事而笑呀！」

晉文公聽了之後，領悟他所說的話，就打消了進攻衛國的念頭而班師回朝，還沒回到晉國，就聽說有敵人入侵晉國北方。

人生物語：

決策者做決策時，應該考慮周全，慎重而為。「不謀全局者，不足謀一域」，更何況「螳螂捕蟬，黃雀在後」。

富翁的眼睛

有一位百萬富翁，他左眼喪失了視力，所以裝了一隻人工眼睛。這隻眼睛看上去就跟真的一樣。百萬富翁非常得意，常常在朋友面前炫耀，要朋友猜猜哪隻眼睛是假的。有一次他遇見了馬克．吐溫，問道：「你猜得到我哪隻眼睛是假的嗎？」

馬克．吐溫指著他的左眼說：「這隻是假的。」

百萬富翁非常驚訝，說：「你怎麼知道？你的根據是什麼？」

馬克．吐溫說：「我看到，你這隻眼睛裡還有一點慈悲。」

人生物語：

多麼高超的諷刺和揭露！既成功嘲諷了富翁缺乏「慈悲」，又提醒他應慈悲為懷。在爾虞我詐的商場裡，面對錢財名利，面對人情冷暖，要學會多給予他人關懷，畢竟，這樣才會使事業更長久，使人情更長遠。

難題

某中學的數學老師每天給他的一個學生出三道數學題要他回家後去做，第二天早晨再交上來。

有一天，這個學生回家後，才發現老師今天給他出了四道題，而且最後一道還有點難度。他心想：從前每天三道題目，我都很順利地完成從未出現過任何差錯，是早該增加點題目了。

於是，他志在必得，滿懷信心地投入解題的思緒之中。

天亮時分，他終於把這道題給解開了。但他還是感到一些內疚和自責，認為辜負了老師多日的栽培——因為這道題目他竟然解了好幾個小時。

誰知，當他把這四道已解的題目一併交給老師時，老師嚇壞了——原來，最後那道題已經在數學界流傳百年而且是無人會解的難題。

老師把它抄在紙上，也只是出於好奇心。結果，不小心竟把它與另外三道普通題混在一起交給了這個學生。而學生也在不明實情的前提下，意外地把它解開了。

假如這個中學生知道這道題目的來歷，他還會在一夜之間將題目解開嗎？

人生物語：

有一個遊戲叫「踩地雷」，遊戲者在蒙上雙眼之前，他的前面依次排上「地雷」道具，然後，讓他蒙上眼睛繞開障礙物，不准踩到或碰到。其實，這時道具早已撤走，地上什麼東西都沒有。只見遊戲者一腳高一腳低的小心翼翼的向前移動，身邊的人還指指點點，頗為有趣味性。

其實，這些都說明了一個道理：有些困難比想像中小得多。往往是因為心理上的怯懦和退縮，使得事情得不到解決。更為自己增添了障礙。其實，勇敢的往前邁開一步，就是成功了。

大大的享受拓展視野的好選擇

TALENT

謝謝您購買 鬆開緊握的拳頭，你會擁有更多 這本書！

即日起，詳細填寫本卡各欄，對折免貼郵票寄回，我們每月將抽出一百名回函讀者寄出精美禮物，並享有生日當月購書優惠！

想知道更多更即時的消息，歡迎加入"永續圖書粉絲團"

您也可以利用以下傳真或是掃描圖檔寄回本公司信箱，謝謝。

傳真電話：（02）8647-3660　　信箱：yungjiuh@ms45.hinet.net

☺ 姓名：　　□男　□女　　□單身　□已婚

☺ 生日：　　□非會員　　□已是會員

☺ E-Mail：　　電話：（　）

☺ 地址：

☺ 學歷：□高中及以下　□專科或大學　□研究所以上　□其他

☺ 職業：□學生　□資訊　□製造　□行銷　□服務　□金融

□傳播　□公教　□軍警　□自由　□家管　□其他

☺ 您購買此書的原因：□書名　□作者　□內容　□封面　□其他

☺ 您購買此書地點：　　金額：

☺ 建議改進：□內容　□封面　□版面設計　□其他

您的建議：